一本给男孩女孩的
青春期漫画小百科

一只学霸·著绘

青春期
成长守护指南

北京联合出版公司

图书在版编目（CIP）数据

青春期成长守护指南 / 一只学霸著绘 . — 北京：
北京联合出版公司 , 2022.8
　ISBN 978-7-5596-6283-5

　Ⅰ . ①青⋯ Ⅱ . ①一⋯ Ⅲ . ①青春期－健康教育－指
南 Ⅳ . ① G479-62

　中国版本图书馆 CIP 数据核字（2022）第 109942 号

青春期成长守护指南

作　　者：一只学霸
出 品 人：赵红仕
责任编辑：肖　桓

北京联合出版公司出版
（北京市西城区德外大街 83 号楼 9 层　100088）
北京盛通印刷股份有限公司印刷　新华书店经销
字数 100 千字　880 毫米 ×1230 毫米　1/32　印张 9.25
2022 年 8 月第 1 版　2022 年 8 月第 1 次印刷
ISBN 978-7-5596-6283-5
定价：59.00 元

版权所有，侵权必究
未经许可，不得以任何方式复制或抄袭本书部分或全部内容
如发现图书质量问题，可联系调换。质量投诉电话：010-82069336

目录

 **生理篇**

为什么不能惹月经期的女生　　　　　　　　　　002

那些来月经时不能做的事，其实可以大胆做　　010

非经期内裤上有血，一定要多看一眼　　　　　018

关于胸部，你必须知道的 10 个正经知识　　　024

女生红着脸也要看完的 9 个正经小知识　　　　034

关于阴道，你必须知道的正经小知识　　　　　045

为啥这么容易断　　　　　　　　　　　　　　052

割不割包皮对男生有啥影响　　　　　　　　　058

健康篇

有哪些可以提升颜值的小技巧	068
如何科学增高	078
有哪些可以快速提升身材的小技巧	086
为啥小女孩也会得妇科病	092
为啥有些人的腿会变得越来越短	097
脊柱侧弯的人有多痛苦	105
如何控制自己身体的味道	113

社交篇

暗恋表现统一测试	124
快速和男生打成一片的6个小技巧	133
男生被女生叫"哥哥",究竟是啥感觉	145
"女生喜欢的女生"和"男生喜欢的女生"究竟有啥区别	154
女生更喜欢什么样的男生	162
怎样花式夸一个女生好看	172

4 好奇篇

被男生捐出去的"小蝌蚪"都去哪儿了	182
那些女生不知道的男生的小秘密	191
那些男生不知道的女生的小秘密	195
为啥女孩子身体都是凉凉软软香香的	201
奇奇怪怪的女生数据……增加了	212
男女生的胡子都会越刮越粗吗	220
考试一紧张就想上厕所怎么办	225

5 保护篇

近视手术真的是所有人都能做的吗	234
如何逼疯一个给你打骚扰电话的人	241
"黄体破裂"到底有多可怕	250
蛋蛋的一万种死法	256
住酒店如何预防梅毒	264
女生奔跑时,要怎么固定抖动的胸	272
遇到危险,这些紧急避险方法一定要知道	282

为什么不能惹月经期的女生

这次我真的,什么都没做啊!

今天,渣哥又把女生惹生气了。

阿三,这到底是怎么回事啊?

啊,我不记得了!

哦?她是不是来姨妈(月经)了?

兄弟们，你们一定不要学渣哥，要记得女生月经期的时候，千万别惹她们。

总之，今天的内容就是专门写给你们的。

首先，给那些啥都不懂的男生，先补充一下**基本知识**，懂的女生可以跳过这一段。

月经究竟是怎么回事？

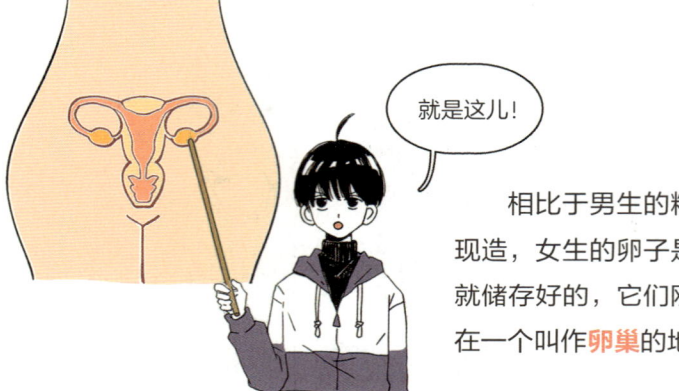

相比于男生的精子现用现造，女生的卵子是出生时就储存好的，它们刚开始住在一个叫作**卵巢**的地方。

女生发育成熟后，卵子就会按次序离开卵巢，**搬进子宫**，等着精子的到来。说白了，子宫就是个相亲角。

不过，这个相亲角倒挺贴心的，为了让卵子安心入住，子宫内的**黄体**，会刺激子宫内膜增长，给卵子提前建好房子。

只是，卵子的寿命非常短，大概只有 **48个小时**，没能等到精子的它们，最后只能孤零零地代谢掉。

这下黄体辛苦建的小房子也就没啥用了，可以全部拆除了，增厚的子宫内膜脱落，随着血液排出体外，就成了我们熟悉的

月经。

好的，以上就是月经的来源。哦，你们要问怎么还不讲，为啥不要惹来月经的女生？

~~连续流血一星期，还要垫贼厚的卫生巾，换你你不想生个气吗？~~

下面是冷静又正经的科普时间，来月经的女生可能会有情绪不稳定的情况，是有生理依据的，比如：

① 抑制坏情绪的血清素分泌混乱

刚才提到黄体为了卵子过得好,造了很多小房子,但是黄体太勤劳了,严重吵到了其他部门。

最抓狂的部门就是大脑中的<u>血清素</u>。这对女生来说就很重要了,它是<u>调节抑郁情绪的神经传导素</u>。

> 正常情况下,女生分泌血清素的速度比男生慢一些,所有女生天生对坏情绪的抵抗力就差一点,这也就是为什么吵架后女生更难缓过来。

被黄体逼疯后,血清素分泌的速度就更慢了,所以月经前一周,女生体内的血清素达到最低,就会导致女生——

情绪低落!
食欲低下!
睡眠不良!

给我走开!
我错了,原谅我吧!

挨你你不暴躁吗?
你不暴躁吗??

乙 雌激素和孕激素的下降

虽然前面说到黄体影响了血清素的分泌，但是黄体自己作用也不小，女生必不可少的两大激素**雌激素**和**黄体酮（孕激素）**都得由它来分泌，不过和卵子一样，黄体分泌激素是**周期性**的，在卵子排出体外的两周后黄体也就萎缩了。

巧了不是，黄体萎缩正好就在来月经的前几天。

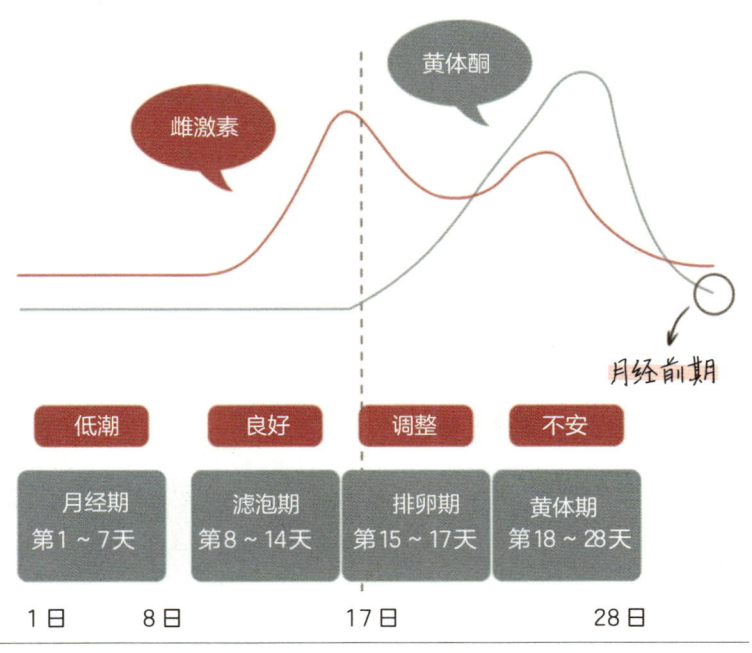

一个完整的月经周期

所以那几天，女生体内的雌激素和黄体酮咻咻咻地往下降，情绪上就会更加失落、易暴躁。

3 痛起来要人命的痛经

除了心理上的折磨，月经在生理上也不肯放过女生。为了让月经顺利排出，子宫会分泌出一种 前列腺素，用来刺激子宫肌肉的收缩。

~~别问为什么女生没前列腺，却有前列腺素，因为前列腺素不由前列腺分泌。~~

但是前列腺素有时候太积极了，就会分泌得特别多。这就给子宫很大的压力，造成过度收缩，引发 痛经。

这种情况下,大家就真的得避免火上浇油了。

~~没能耐的,能躲远点就躲远点。~~

虽然学霸说过,热水疗法对痛经是有用的,但是这种痛已经不是热水可以解决的了,而且,一句多喝热水,没准儿还会引发另一场战争。

4 什么?生气还要理由吗?

抛开这些问题,女生在来月经的时候,突然生气,倒也不一定有啥理由,也有可能就是单纯地生气给你看,你哄一哄就行了。

硬要说女生月经期间,男生有啥能做的……大概就只有呼吸吧!

那些来月经时不能做的事，其实可以大胆做

渣哥上次和女生吃饭回来，一副很沮丧的样子，他和我们透露，事情是这样的：

所以，女生来月经时，真的有这么多要注意的吗？为了让广大女生月经期也能放飞自我——

❶ 经期洗头会头疼？

理论上只要注意，用**热水洗**，并且**完全吹干**，经期洗头是没问题的。洗完头疼多半是经期**免疫力下降**，着凉了。

同样，经期也是可以洗澡的，但**不要泡澡**，经期都流那么多血了，泡澡很容易感染细菌。

己 经期运动会加大出血量？

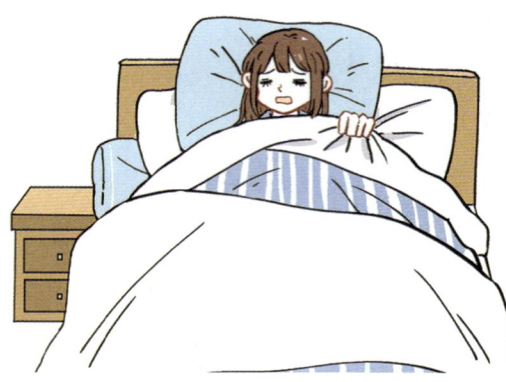

只要不痛经，像慢跑、瑜伽这类**舒缓的运动**，经期是完全可以做的。适当运动还可以促进子宫内血块的排出。

经期不能做的是**剧烈运动**，还有涉及**腹部**的运动也不能做，比如仰卧起坐、空中自行车之类的。这些动作都会增加腹内压，导致经血量过多，甚至出现**子宫内膜异位症**。

找理由不运动！

子宫内膜异位症：
子宫内膜组织生长在子宫腔与子宫肌层以外的部位。

3 经期喝咖啡会使月经量变多、痛经?

月经增多和喝咖啡一点关系都没有,**内分泌失调、凝血功能**出了问题等,才会导致月经量变多。

痛经更是和喝咖啡无关,痛经主要是因为**子宫内膜前列腺素**含量增高,而喝咖啡并不会促进前列腺素分泌。

经期**铁元素**会流失很多,而茶叶又会妨碍肠黏膜吸收铁质,越喝铁元素越少,所以实在想喝的话,少喝一点,泡淡一点。

那姨妈期也能喝茶喽?

慢着!别喝太浓的茶。

4 止痛药吃了会上瘾？

治痛经的药会上瘾的话，那还能被你轻松买到？止痛药分为两种，**非甾体抗炎药**和**阿片类药物**。

容易成瘾的是**阿片类**，主要用于术后止痛和癌症止痛，这种是处方药，没有医生的处方是买不到的，而治痛经的药根本不会成瘾。

5 经期吃杧果会止血？

其实经期吃杧果不会止血，因为它里面含有的**杧果苷**，会抑制血小板聚集，让你止不住血。所以只要不过敏，你们爱咋吃咋吃，开心就好。

⑥ 经期不能喝冰水？

能不能喝冰水得看个人**感受**，理论上说，喝冰水不会导致痛经。

痛经分为**原发性痛经**和**继发性痛经**，继发性痛经是子宫本身生病了。

得去医院看看！

一般只是原发性痛经，与**子宫内膜前列腺素**增高有关，前列腺素增高会导致子宫紧缩，就痛经了。

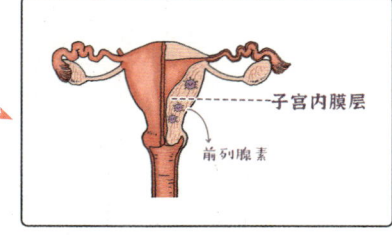

子宫内膜层
前列腺素

但喝冰水是消化系统的事，与前列腺素增多没有关系。

有的女生确实一喝冰水就肚子疼，喝热水就会感觉全身舒畅，这还是和个人体质、生活习惯有关，像欧美人几乎全年喝冰水。

虽然能做的事很多，但经期有些事还是不能做的。

1 不能拔牙、打耳洞、手术

经期**凝血功能变差**，所以会出更多血，同时这时候免疫力也会下降，更容易**感染**。

像什么拔牙、打耳洞之类的，都再等等。

不能喝酒

经期喝酒会**加速血液循环**，使月经量变多，经期延长。

同时，经期肝脏的**酶系统**也在发生变化，导致肝脏的解毒功能大大下降，这时候喝酒很容易喝醉。

3 不能捶腰

经期捶腰可是**越捶越疼**。

经期腰部酸胀是因为**盆腔充血**，它本身就充血了，你还捶，就会更加充血，快收手吧！

腰好疼啊！！

下次来月经，能做的我都试一遍，不舒服了找你。

这……不用了吧。

好了，什么该做什么不该做，你们都清楚了吧！

非经期内裤上有血，一定要多看一眼

非经期出血这事吧，听起来确实很唬人。别说渣哥了，很多女孩子刚发现的时候，也挺紧张的。不过不要慌，听我把话说完。

非经期出血，究竟是怎么回事？

1 排卵期出血

有些女生会很困惑，自己的月经刚走一个星期，怎么又出血了，是不是月经不调啊。

你们冷静点，先算一算日子，看自己是不是处在**排卵期**。

如果正好是在排卵期,那很可能是**排卵期出血**。

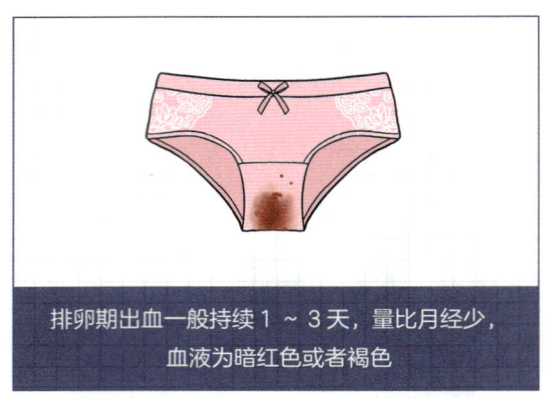

排卵期出血一般持续 1~3 天,量比月经少,血液为暗红色或者褐色

这主要是由排卵期**雌激素变化**导致的,正常情况下,没有其他病变存在的话,偶尔有一两个月排卵期出血,是没啥问题的。

你们平时注意休息,不熬夜、不剧烈运动就没事了。

如果连续三个月,出现排卵期出血的问题,最好去医院做个检查。

己 服用激素类药物后出血

短效避孕药:由雌激素和孕激素配制而成的复方药物。对于服用短效避孕药的女孩来说,你们需要知道的是刚开始用或者不小心停用了两天,会引起激素变化,

造成不规则出血问题。

核心表现就是，内裤上会有点滴的血迹，属于**正常的副作用**。

其实如果你漏服了两天，发现自己出血量和正常来月经差不多，那你可以干脆**停服一周**，比如，

> 我如果不小心停了两天，出血特别多怎么办？

> 那就相当于来了一次月经。

> 你这周一停服，甭管月经来多久，等到下周一继续吃就行了。

正常情况下，服用的周期变长之后，这种情况就会好转了。

3 功能性子宫出血

功能性子宫出血，通常会出现在年纪比较小的女孩子身上。主要由神经系统和内分泌系统失调引起。

这个问题比较难说，因为它的表征和特点都比较常见，比如：

- 月经量时多时少
- 月经延迟超过七天
- 非经期滴血或者出血
- 月经持续时间长

> 霸霸！我是不是得了啥大病啊！我还这么年轻！

很多比较细致的女生察觉后，在网上随便一查，就觉得自己可能得啥妇科病了。

但其实如果没有发生病变，很可能是因为你——

所以这个问题，很难具体地去预防，只要不是太过分，你们就让它爱咋样咋样吧！

如果上面几种情况你们对照下来和自己都不太符合，或者有符合的，但情况更严重，那很可能是病变了，

得去医院做个系统的检查。

但也有可能你们自己都没意识到，真相往往就是那么简单……

关于胸部，你必须知道的10个正经知识

（女生进）

别问我为啥作为一个男生要写这个，怪只怪我女粉太多，实在是被问了太多次了。

这些问题找我来回答,真的好尴尬。

关于女生胸部的 10 个正经问题

1 乳晕颜色为啥这么深啊?

你们不会以为,乳晕都该是粉粉的吧?甚至有人单纯依据乳晕颜色,判断性经验。

乳晕颜色深的原因有很多。

肤色影响

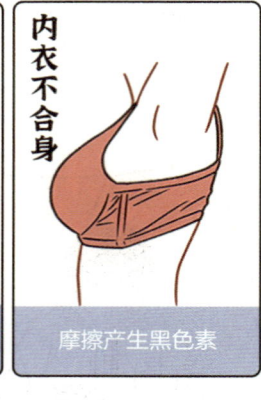
摩擦产生黑色素

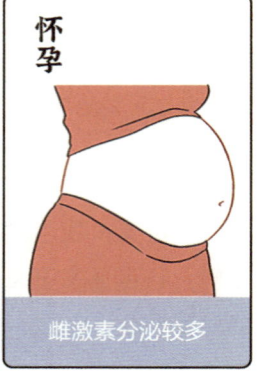
雌激素分泌较多

颜色变浅反而证明，你变老了，更年期后**雌激素水平下降**，乳晕也会变成粉红色。

乙 乳头凹进去了咋办？

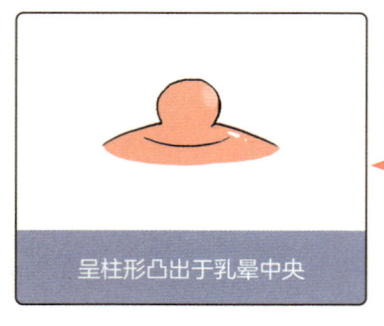
呈柱形凸出于乳晕中央

正常的乳头
应该是这样的，

当它低于乳晕平面时，就是乳头内陷了，可以分为三种程度。

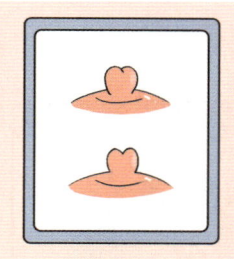

一度：

乳头颈存在，轻微按压乳晕可以将乳头拉出。

二度：

乳头全部陷于乳晕，用力拉出来后，很快又恢复原样。

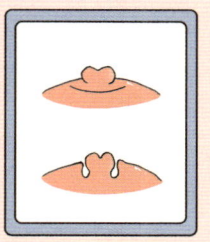

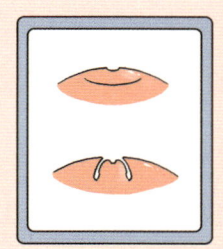

三度：

乳头埋入乳晕，看不到凸起，用多大力都拉不出。

乳头内陷是 需要治疗 的，不然内陷处全是污垢、油脂。

炎症、湿疹啥的都来了。

治疗方法得按程度来，一度内陷自己就能拉出来，其他的就得去医院了。

3 胸前为什么会长小疙瘩？

这个小疙瘩，是不是长这样，像鸡皮疙瘩似的？

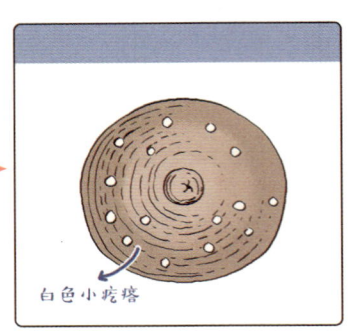

这其实叫作**蒙哥马利腺**，可以分泌油脂，保护乳头、乳晕处的皮肤。

我不管，这些小疙瘩，真的让我强迫症犯了。

这个腺体一般是看不出来的，只有当体内雌激素和孕激素升高时，才会出现明显凸起。

如果你们实在看它不顺眼，平常要注意穿宽松透气的**棉质内衣**，也别再总吃重口味的食物了。

4 腋下为什么总有一块凸起？

你们穿衣服时，腋下是不是总多出一块？

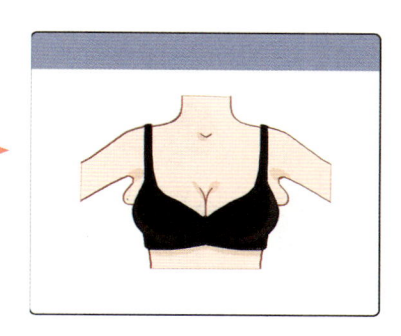

看上去很不美观，其实出现这种凸起，要么是**脂肪**，要么是**副乳**，脂肪就不用我多说了。

副乳的话属于一种先天的**乳腺异常**，由于乳腺始基没有完全退化，形成了**多个乳房**。

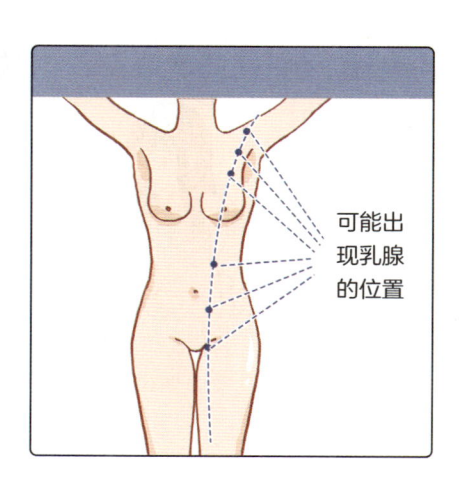

可能出现乳腺的位置

> 对于副乳，我们能做的就是，多锻炼胸部和手臂力量。

反正不管是啥情况，大到影响生活了，还是要去医院看的。

5 为什么胸部有时会疼痛？

有些女生乳房一疼，就开始怀疑自己是不是有大问题。

如果你正处于**青春期**，那么乳房胀痛是正常的，青春期体内会分泌很多雌激素来促进乳房的发育，发育的同时也会胀痛。

> 不要太担心。

如果你只是**经期前**乳房疼，那么也是正常的，就和痛经一样，这只是来月经时的一种反应。

> 我要长大！

> 为什么受苦的总是我？

不过如果乳房经常疼的话，就要注意了，可能是**急性乳腺炎**、**乳腺小叶增生**等疾病，需要去医院检查。

6 为什么胸部有肿块？

月经前有的女生还会摸到乳房有肿块。其实你可能摸到的不是肿块，而是**乳腺组织**。

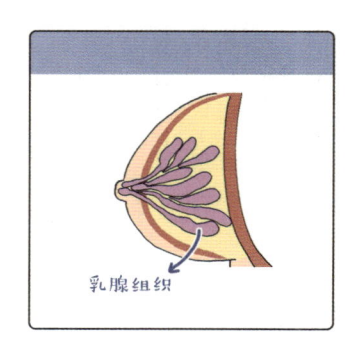

乳腺组织

乳腺组织在月经前会**变大、变厚**，来月经后又会变小。不过如果肿块在月经前后没啥变化，那就要注意了，得及时去医院检查。

肿块的情况挺复杂的，比如下面几种：

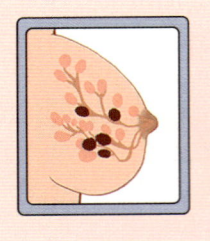

乳腺增生：
乳房有不规则的小肿块，乳房疼痛，乳头溢液，一般是内分泌失调了，没大问题。

乳腺纤维瘤：
乳房常有圆形、光滑、边界清晰的肿块，不疼，属于比较常见的良性疾病。

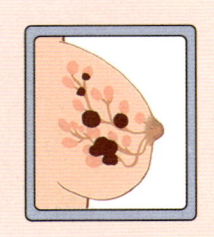

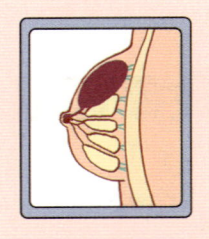

乳腺炎：
乳房有肿块，会痛，分为哺乳期和非哺乳期两种情况，需要及时就医。

当肿块又硬又不规则，表面不光滑，不疼，还不容易推动，则有可能是 <u>乳腺癌</u>。

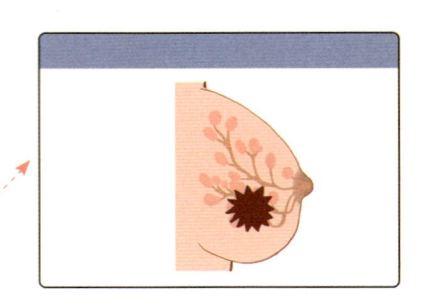

再说一遍,

**遇到胸部肿块,
一定要去医院检查!**

我讲完了,别问我为啥这么懂,博学而已。另外,和提问的女生说一句,下次还有这种奇怪的问题,尽管问。

所以……你为啥这么懂?

那个……我们换个话题。

女生红着脸也要看完的9个正经小知识

我知道，有些男孩子，肯定1秒钟都没犹豫就开始看了。

> 有什么是我们男生不能看的？

> 多储备点知识总是好的。

> 你们这点小心思啊……

今天我就给大家多整点儿。

1 大多数女生，两边的胸是不一样大的

这有两个原因，一个是**天生**的，青春期发育时，两边胸对**雌激素**的敏感度不同，长出来的大小就不太一样。

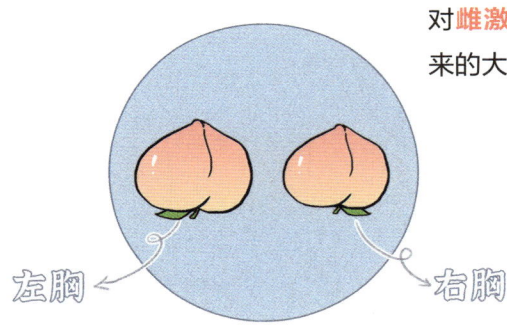

左胸　右胸

一个是受**后天**生活影响，比如总是单边手用力，锻炼出了一侧的**肌肉**，慢慢就拉开了两边的差距。

大约有 **10%** 的女生能明显看到胸部不对称，但只要两边大小相差**不超过一个罩杯**，就不用太担心。

> 看到姐妹们都和我一样，那我就放心了。

己 有些女生可能会长 3 个或更多的乳头

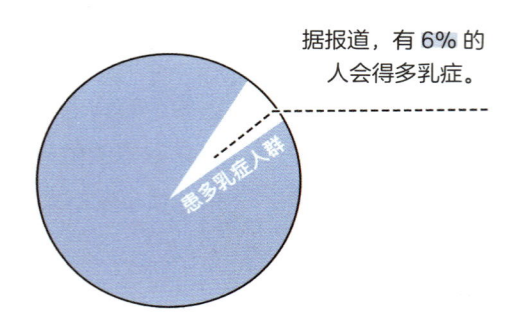

据报道，有 **6%** 的人会得多乳症。

患多乳症人群

我们很小的时候，从腋窝到腹股沟的两条线上，其实长有 **6 到 8 对乳腺的始基**。

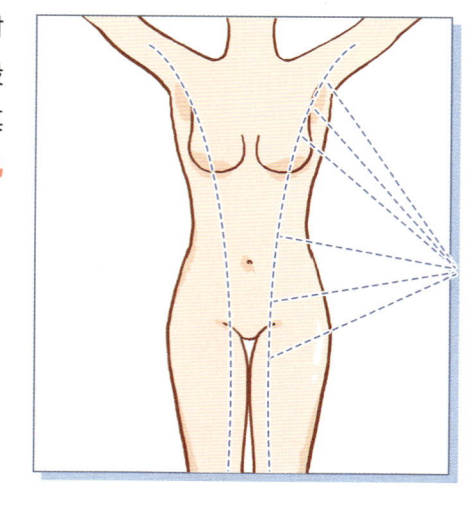

可能出现乳腺的位置

一般除了胸前的一对会保留，其他的都会萎缩消失。

但偶尔也会有意外。

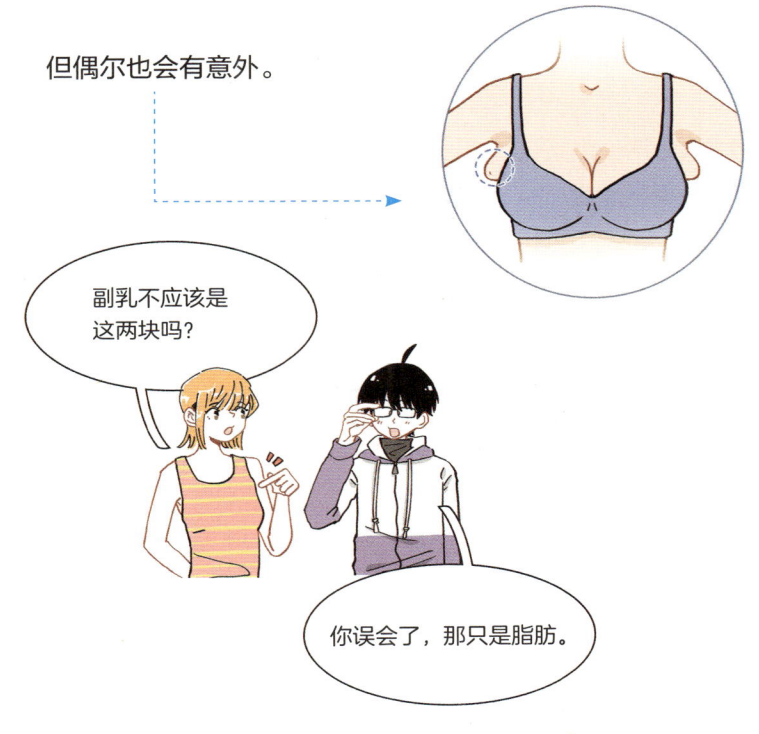

> 副乳不应该是这两块吗？

> 你误会了，那只是脂肪。

3 女生经期时的胸比平时大

这是因为体内**雌激素升高**，刺激了乳腺。

胸不光会变大，还会**胀痛**，这些都是正常现象。

等经期结束后，一切就会**恢复原样**了。

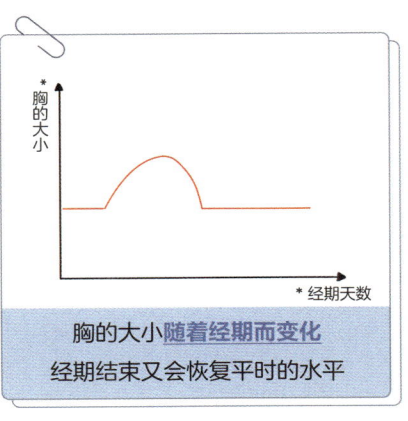

胸的大小随着经期而变化
经期结束又会恢复平时的水平

（图：胸的大小 / 经期天数）

❹ 胸太大也不一定好，可能会得巨乳症

胸太大也不一定好，可能会得巨乳症。

一般来说，胸的重量<u>超过体重的3%</u>，大概相当于3瓶矿泉水，可以算作<u>巨乳症</u>。

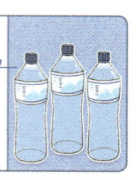

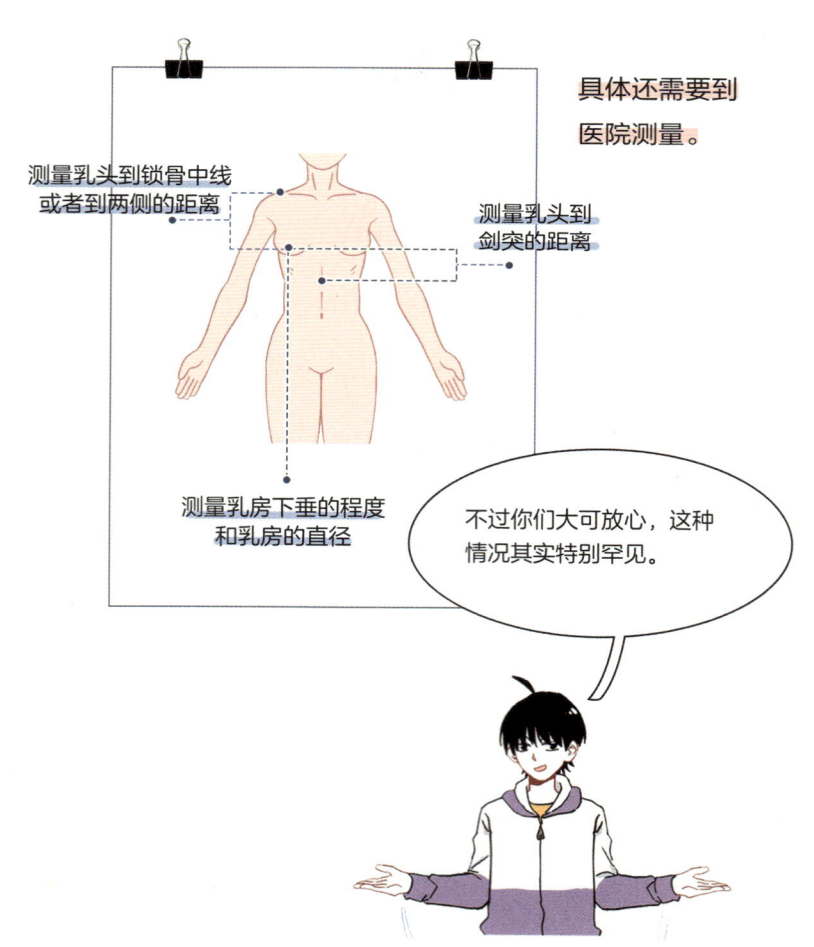

具体还需要到医院测量。

测量乳头到锁骨中线或者到两侧的距离

测量乳头到剑突的距离

测量乳房下垂的程度和乳房的直径

不过你们大可放心，这种情况其实特别罕见。

⑤ 10%～20%的女生会有乳头凹陷的情况

你们不用太担心，大多数情况下，乳头凹陷都是正常的。但如果凹陷的乳头受到刺激也出不来，

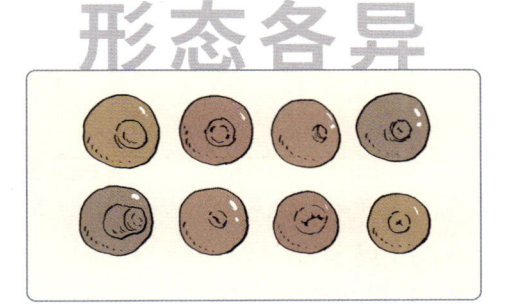

形态各异

那就需要去医院看一下了。

⑥ 健康白带有四个特征：白色、量少、有黏性、无异味

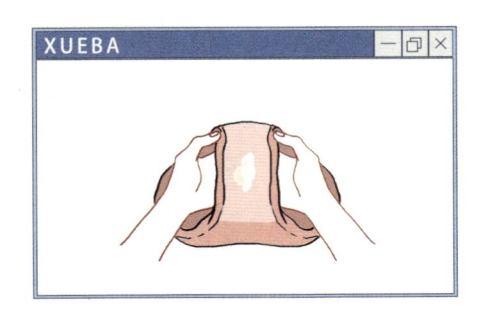

一般会随着月经周期变化发生些微的改变。

* 白带的周期变化曲线图

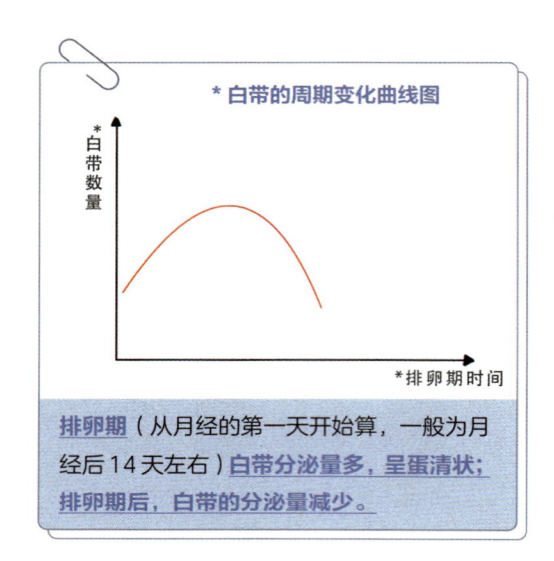

白带数量

*排卵期时间

排卵期（从月经的第一天开始算，一般为月经后14天左右）<u>白带分泌量多，呈蛋清状</u>；排卵期后，白带的分泌量减少。

但如果味道闻上去不对了，或者**颜色**、**性状**发生了改变，那你就要小心是不是感染了。

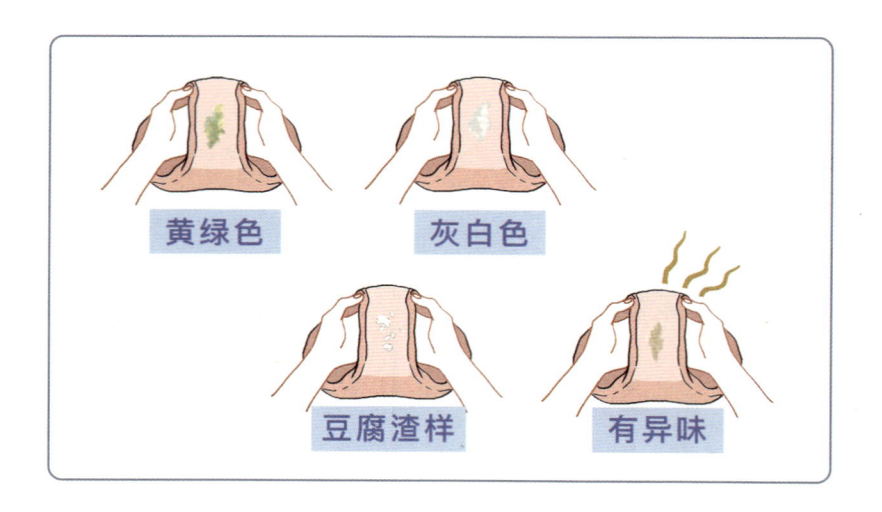

黄绿色　　灰白色

豆腐渣样　　有异味

这个时候还是赶紧去看医生吧！

7 女孩子晚上熬夜不睡觉，会使雄激素分泌过旺

那又怎样？不就是想骗我早点睡？

你开心就好。

时间长了，你就会慢慢变成**汉子**。

长胡子

声音变粗

胸扁平

长腿毛

❽ 女生不管多大年纪，有没有对象，都有可能会得阴道炎

> 千万要记得，用干净的毛巾。

> 还有，及时更换内裤和卫生巾。

不干净的环境，自身免疫力下降，阴道菌群失衡，都可能导致阴道炎。

❾ 除了卫生巾，你还可以尝试卫生棉条和月经杯

月经杯　　*卫生棉条*

~~有些女生可能不太放心~~

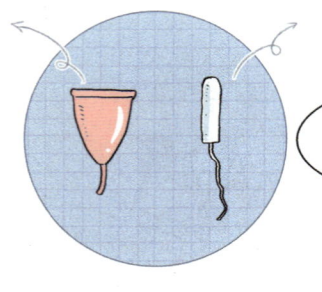

> 这个会不会破坏那啥啊？

> 走路会不会不方便啊？

众所周知，处女膜本身就有孔，还**富有弹性**。

而且比起卫生巾，卫生棉条和月经杯不用担心**侧漏问题**，也不会出现闷热不透气的情况。

具体的使用方法我写在下面了,你们可以自学一下。

月经杯使用方法

①使用前清洗双手,对月经杯进行消毒。

②折叠成郁金香的形状,捏紧月经杯。

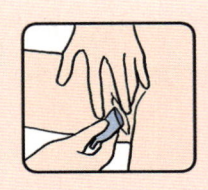

③掰开阴唇,捏紧月经杯,将其推入阴道内。

④柄管顶端与阴道口齐平。确保月经杯完全展开,适时排液。

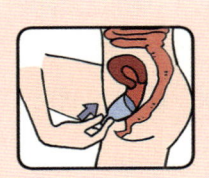

卫生棉条使用方法

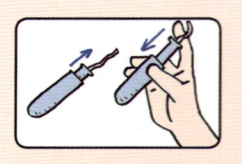

① 手握导管
将内导管拔除至外导管底部,准备置入。

② 置入体内
将外导管倾斜 45°推入体内,将内导管下压,推出棉条。

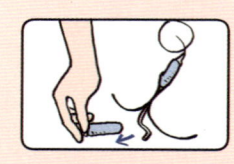

③ 抛弃导管
当棉条置入体内正确位置后,取出导管,把一部分棉线留在体外,以便取出棉条。

④ 取出棉条
拉住原先露在体外的棉线,朝斜前方拉出,即可取出棉条。

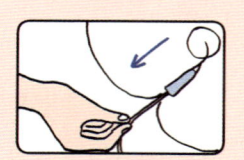

关于阴道，你必须知道的正经小知识

吃饭的时候看什么手机！

霸霸！我们女生尿尿和来大姨妈是通过同一个地方吗？

处女膜究竟是用来干吗的？

阴道有淡淡的酸味，是有病吗？

我不讲谁讲？

我还是要讲一下的，主要是吧，可能你们的老师和爸妈，的确也不大可能讲这些事情。

①

小阴唇
大阴唇
菊花

阴蒂
尿道口
阴道口

女生尿尿和来月经不是通过同一个地方，一个通过尿道，一个通过阴道。

我也不知道我为啥要讲这个，

但是真的有人不知道……

尿道在阴道上面一点，开口比较小，是排**尿液**的通道；阴道开口比较大，是**排月经、生小孩**的通道。

2

尿道和阴道还有个区别是，阴道壁内含有大量的**弹性纤维**，也就是说，阴道非常有弹性。

> 不然你们觉得胎儿10cm的头，

> 是怎么从阴道出来的……

3

上面图片提到的阴唇，如果有点不对称，是**正常的**，只要不影响自己正常的生活，就不要慌。

> 人体本来就是不对称的，

> 比如我说过很多次，

> 男生的蛋蛋也会一高一低的。

4

阴道平时是**闭合的**，前后壁贴合在一起，中间的缝隙还有分泌物填充。

> 所以游泳是不会怀孕的！

体育课跑跑跳跳的，更容易发生，不要担心。

5

不过阴道的闭合水平，**并不能完全挡住空气**，平常会有气体跑进去，积累多了就会排出，排出时还会发出小小的声音，这个很正常。

6

阴道里的菌群，有 80% 都是**乳杆菌**。

乳杆菌会维持阴道的弱酸环境，分泌抗菌物质，从而保护阴道。

所以不要用各种奇怪的洗液清洗阴道，你以为自己这样还蛮干净的，其实会杀死上面说的乳杆菌，把乳杆菌辛辛苦苦搞起来的平衡给毁了，从而引起妇科炎症。

是的，乳杆菌，就是做酸奶的那个菌。

据说正常阴道，

气味上是接近无糖酸奶的。

7

女生不管多大年纪，有没有对象，都有可能会得**阴道炎**。

如果得了阴道炎，自己开始注意卫生，调节生活方式，的确是有可能自愈的。不过如果出现了分泌物异常、阴道瘙痒、疼痛等情况，还是要去医院看的，不要觉得难以启齿，一直拖下去，或者自己搞一些奇奇怪怪的事情，会引发更严重的疾病。

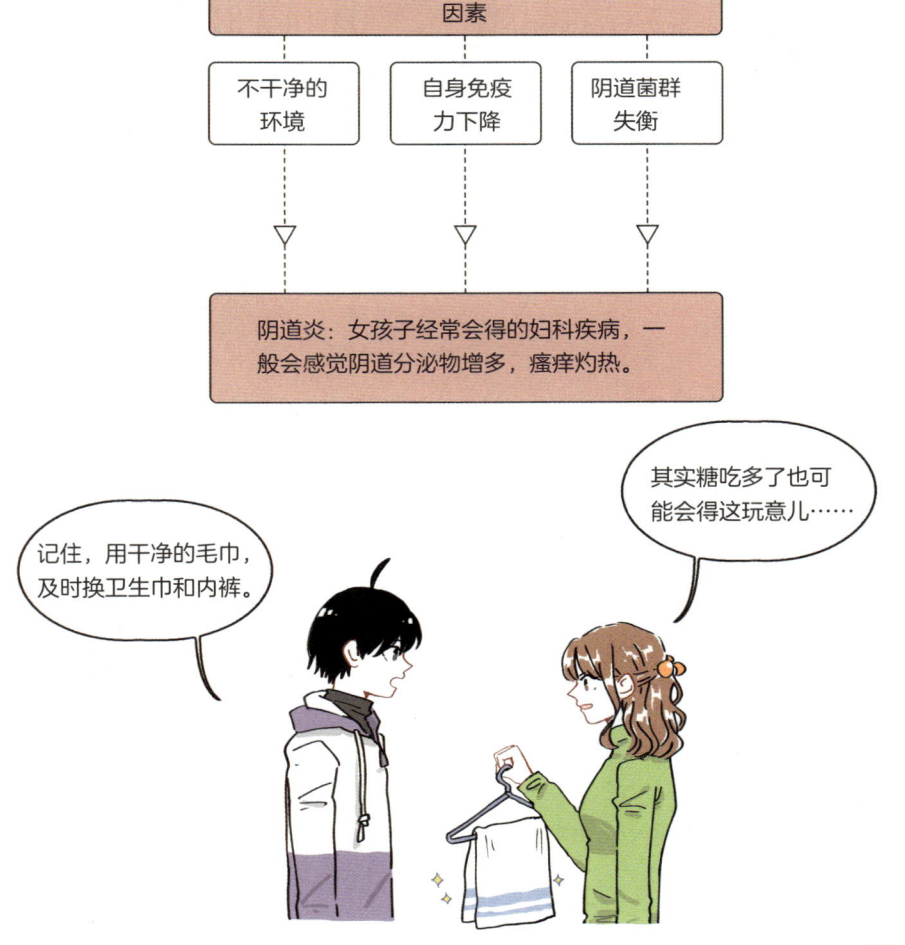

```
                    ┌─────────────┐
                    │     因素     │
                    └─────────────┘
                   ↓       ↓       ↓
        ┌────────┐  ┌────────┐  ┌────────┐
        │不干净的 │  │自身免疫 │  │阴道菌群 │
        │ 环境   │  │力下降   │  │ 失衡    │
        └────────┘  └────────┘  └────────┘
```

阴道炎：女孩子经常会得的妇科疾病，一般会感觉阴道分泌物增多，瘙痒灼热。

> 记住，用干净的毛巾，及时换卫生巾和内裤。

> 其实糖吃多了也可能会得这玩意儿……

8

正确清洗阴道的方式是：每晚用清水清洗外阴，方向是**从前往后**，以免把后面的细菌带入阴道。

洗完**认真擦干，再穿内裤**，不然湿乎乎的对阴道很不好。

> 不要随便用洗液，容易破坏阴道微环境，

> 反而对身体不好。

> 外阴就是外露的部分，

> 这句话的意思就是，不要过度深入到身体内部。

9

擦屁股也要按照从前到后的顺序。女生尿完尿一定要用纸擦！男生尿完尿有时候抖一抖就完事了，女生不一样！不一样！不一样！

> 可能有点不顺手，不顺手就对了……

| 对病菌的防御力 |

尿道 < 阴道 < 肛门

⑩

所谓的"处女膜",学名叫 阴道瓣,是个带孔的薄膜,覆盖在阴道口,青春期前,可以防止细菌进入阴道,起到 保护作用。

不过随着年龄增长,阴道自己的抵抗力会增强,处女膜也就 失去作用 啦!

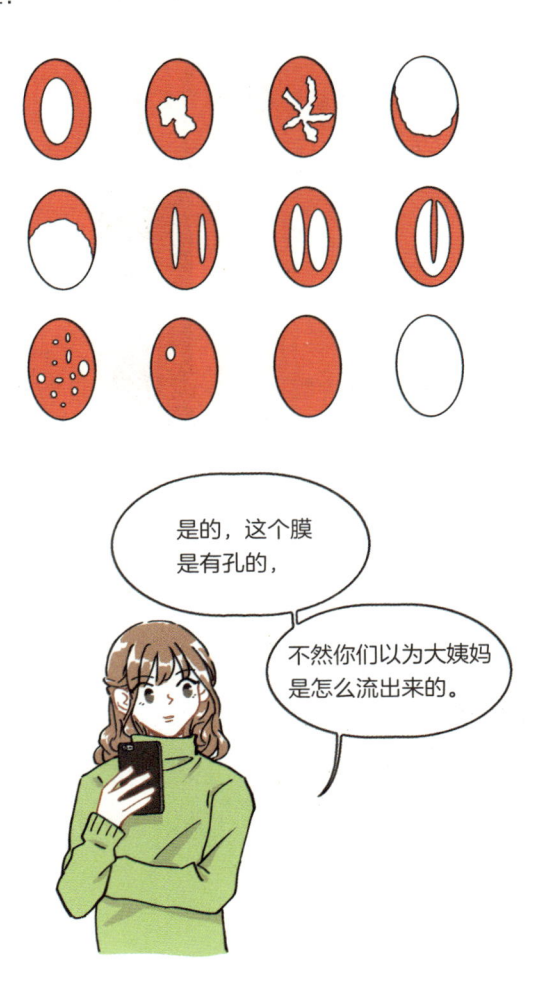

> 是的,这个膜是有孔的,

> 不然你们以为大姨妈是怎么流出来的。

为啥这么容易断

这期我们讲讲每个男生都有的阴茎，每个男孩子都应该保护它。为了方便理解，我们把它想象成一只穿着背带裤的小鸡。

但是大多数男生，都不会悉心照顾它，所以他们的小鸡，可能会受各种伤。

叽！

① 系带断裂

包皮系带

包皮里面，靠近小鸡头部的地方，有一根带子叫**包皮系带**。

上面布满血管，所以相当敏感，只要稍微受到一点刺激，小鸡就会非常兴奋。

但这根系带相当**脆弱**，受到比较大的外力，或者猛地支棱起来，就可能会让它——

断掉

> 小鸡，你怎么了，小鸡？我跟你相依为命，同甘共苦……

并且会流特别多的血，就算之后恢复好了，这只小鸡也可能从此**失去这根系带**。

乙 包皮撕裂

除了系带外，包皮也特别容易出事，有些男生，在外面骑车、跑步、做剧烈运动的时候，用力过猛被扯到，或者被尖锐的东西戳到，都很容易造成**撕裂**。

如果是小伤口，休息几天就能好。

伤口撕裂很严重的话，赶紧去医院缝上。

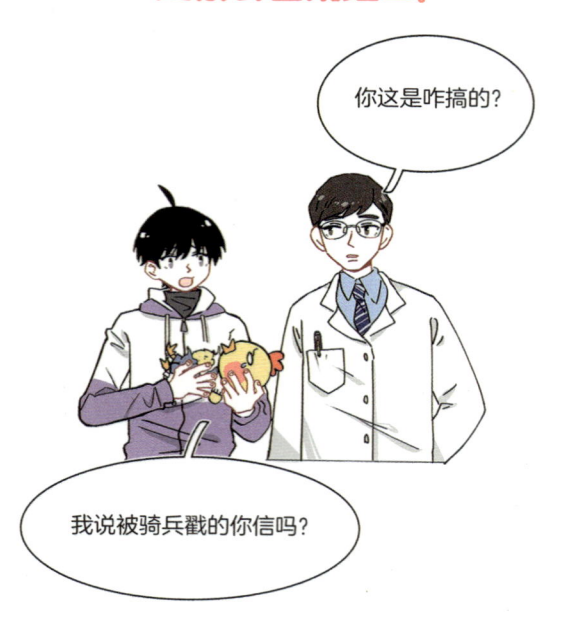

你这是咋搞的？

我说被骑兵戳的你信吗？

3 包皮嵌顿

有些小鸡衣领口太小了，但主人还强行想让它出来。问题是就算折腾出来了，也很容易回不去，然后这些小鸡的脖子，就被衣领卡住了。

不能呼吸

> 医生！再救救我的鸡！

时间一长，小鸡头部**血液无法流通**，会肿起特别大，严重的甚至会溃烂坏死。唯一的解决办法，就是去做个**包皮环切手术**，一劳永逸。

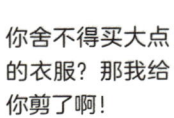

> 你舍不得买大点的衣服？那我给你剪了啊！

❹ 尿道断裂

> 我是指万一被石头砸到，被手肘打到，被子弹射到……

小鸡的中间是尿道，照理说这么深的位置，应该是很安全的。

但架不住哪天，男生带着小鸡进行一些危险运动，一不小心就会受伤了。

或者尿道有结石卡住，也很容易遭受致命打击，让**尿道损伤或断掉**。

医生！！

小伙子，这是第三次了……

这个问题就严重了，毕竟尿道断裂，小鸡会出很多血，还特别痛，甚至连上厕所都像持续被针扎一样。

⑤ 白膜断裂

男生的小鸡没有骨头，作为替代的，是一层叫**白膜**的组织。

它的原理有点像应援棒，可以让小鸡支棱起来。

不过毕竟不是正经骨头,如果受到很大的外力掰扯,小鸡可能"咔吧"一下就断掉了。

~~正经骨头也架不住掰啊。~~

并且,里面的海绵体会出血,让小鸡出现**肿块**。

医生,它好了吧?我要赶紧出院了。

还没好!!!

之后哪怕医好了,也可能变成一只歪小鸡。

医生,你看这……

没救了,埋了吧!

叽叽叽!!!

翻译:我还能抢救!

割不割包皮对男生有啥影响

各位粉丝，最近我男粉出现了点小困扰。

> **男粉**
>
> 学霸救命！！！朋友突然拉我去割包皮！！可问题是我又没有包茎！
>
> 你快出篇科普，让他知道这件事！
>
> （谢谢！千万不能让他知道我来找你了。）

懂了。

> 小时候尿尿看到别人，觉得自己少了点啥，还挺自卑。

> 啊，我3岁的时候，我妈就带我去割了。

割包皮这件事吧，其实很多男生从很小的时候开始就被困扰了。

有些家长比较开明，男生很小的时候就会被带到医院挨上一刀。

> 我以为大家都是这样的。

但也有很多男生就没和长辈交流过。

~~只能自己暗戳戳找一些科普。~~

只能朋友间互相担心、了解，所以，既然你们都来问了，那今天我就好好跟你们讲一讲。

包皮是啥，这种有点幼稚的问题，我就不展开了。

> 包皮：指阴茎皮肤覆盖在阴茎头处，褶成双层的皮肤。

~~我们直接讲重点。~~

1 男生一定要割包皮吗？

这个问题吧，是要具体情况具体分析的。一般来讲，包皮有三种情况。

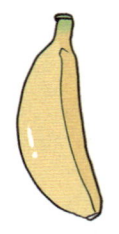

| 包茎 暗无天日 | 包皮过长 高领闷热 | 正常情况 低领透气 |

像**低领包皮**，就没啥好讲的了。如果是**高领包皮**，虽然阴茎平时没办法依靠自己的力量探出脑袋，但通过双手勤劳奋斗，在需要的时候，能把高领扯成低领的话……

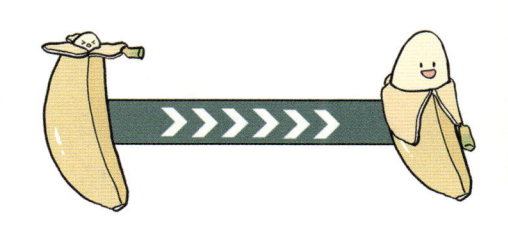

理论上，**只要平时注意卫生**，就基本**没啥问题**。不过，要是包茎的话，那我就建议你去"**挨一刀**"！

> 我脱不下来啊！

嗯，这种情况，你们可以把包皮想象成——

> 穿了十几年，脱不下来的衣服。

因为没法好好洗澡，里面肯定不干净！所以，就会出现包皮垢这类脏东西，时间久了，很容易引发疾病。

包皮炎

排尿困难

包皮结石

性功能障碍

而且，以后有了女朋友的话，还有可能让她感染上一些**妇科疾病**，这样对女生是不负责任的。

所以，为了自己和未来女朋友的健康，"**包茎**"是一定要**去医院**看一下的。

吃不准自己啥情况的男生，也用不着自己瞎猜，可以直接去医院问一下。

医生，那啥……你看，我这个需不需要……

把裤子脱了，再说话。

己 包皮留着一点用都没有吗?

说到这里,有些女生肯定会冒出个大胆的想法。

但是,对于只是包皮过长,平时又没啥问题的男生来讲,平白挨上一刀,完全**没有必要**,参考阑尾。

> 反正割了没坏处,那干吗不建议每个男生都去割了呢?

> 话是这么说……

第一,包皮作为皮肤的一部分,能够一定程度地**保护你的小鸡**,避免不必要的摩擦。

毕竟小鸡上**神经分布密集**,敏感度也很高,万一,一不小心磕碰到了……

第二,如果哪天,你皮肤的某些部位受了伤,包皮还是非常好的**皮肤移植材料**。

3 割完包皮后应该注意啥?

目前比较常见的，叫作**"包皮环切手术"**。过程很简单，一般只要 **10 ~ 30 分钟**就好了，而且结束后，就可以直接回家休息了。

> 怎么十分钟就好了……我嘟个一点感觉都么得?

> 龟儿子，你怎么，家乡话都出来了?

> 这不是，吓着了吗……

你们千万记得注意下面这几点:

1. 手术结束后，一定要减少摩擦。
~~毕竟没见过啥世面的小鸡，是很容易兴奋的。~~
最好的选择，就是只穿裤衩，**有条件的甚至可以不穿**。
另外，刚手术完的第一个月，有女朋友的，我建议你们，暂时**保持距离**；没有女朋友的，也可以把手机调成"青少年模式"。

你正在青少年模式中
暂时没有匹配的内容

这段时间正好可以努力学习，

看我下学期怎样逆袭。

总之，一定要防止伤口开裂。

2. 尿尿的时候，尽量**避免弄湿敷料**，敷料一般是止血纱布。

如果发现敷料湿了，一定要及时更换。

3. 如果手术是用**"包皮缝合器"**完成的,手术后一周,会有类似订书钉的东西脱落。这属于<u>正常现象</u>,不用惊慌。你们看着它掉没了,大概就差不多好了。

哦,对了,最后我再说一句,如果你确实需要去割包皮的话,记得:

千万要去正规医院!!
千万要去正规医院!!
千万要去正规医院!!

网上卖的"包皮阻复环",看着花里胡哨的,

其实不仅没啥用,还对身体有伤害,

你们别犯傻!

健康篇 2

有哪些可以提升颜值的小技巧

三分天注定,七分靠打拼。

颜值这种事情,你们一定要正确看待。总的来讲,

一方面,即使你天生长得不怎么样,但通过**后天努力**,

也可以

逆袭

也禁不住你后天 >>>> **瞎糟蹋**

另一方面，即使爹妈给的底子再好，

为了避免你们的颜值在关注我的期间 没啥长进，甚至有所下降，~~然后找不到对象又怪我，~~所以今天，给大家总结一些注意事项。

① 用鼻子呼吸

这一条听起来仿佛一句废话，但你可能意识不到，你有时候是会用嘴呼吸的。

我建议你在特别放松的时候，突然抽查一下自己，是嘴在呼气，还是鼻子在呼气。或者拜托你舍友，观察一下你睡觉的时候，是不是张着嘴。

用鼻子还是用嘴呼吸，其实区别很大，偶尔用嘴也就算了，长期用嘴呼吸，就会形成"后缩面容"。"后缩面容"概括起来就是——

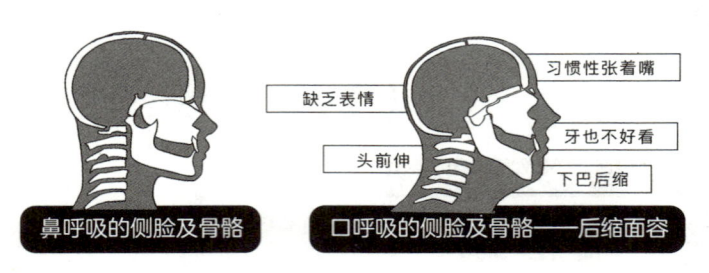

缺乏表情 / 习惯性张着嘴 / 头前伸 / 牙也不好看 / 下巴后缩

鼻呼吸的侧脸及骨骼　　口呼吸的侧脸及骨骼——后缩面容

所以你明白了吧，平时注意把嘴给闭上，舌头紧贴上颌。

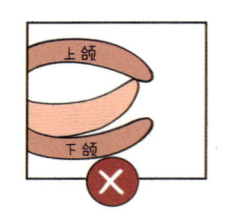

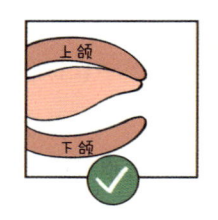

上颌 / 下颌 ❌　　上颌 / 下颌 ✅

2 吃东西别只用一侧牙

学姐，你再这样吃下去，可能脸会有点……不对称……

左右两边脸比较对称的人通常会被认为**更好看点**。

学弟，你再这样不委婉，可能会死！

这个左右对称，除了遗传，其实还可以通过后天努力来改善。如果你在边吃东西边看这篇文章的话，问问你自己：

~~为啥要把我当成干饭菜?~~

你是不是已经用某一边牙齿咀嚼很久了，长期使用单侧牙齿咀嚼食物容易使脸部两侧的 **咀嚼肌** 发育不一致，也就是说，你的脸会一边大一边小。说具体点就是，

> 你老用来嚼东西的那半边脸会比较大，
>
> 另外半边比较小。

3 忍住别舔嘴唇

> 忍住别伸舌头啊！会变丑的！

这个提前讲一下，你们现在可能还没困扰。但是到秋冬季节的时候，很多人嘴唇容易发干，有时候就会忍不住，轻轻舔一下。

然后事情就控制不住了，一般来讲，你的嘴唇在被短暂湿润后，会发生下面的事情。

1. 因为空气干燥,所以唾液带来的水分很快就会**蒸发掉**,不仅自己蒸发,它还会带着你嘴唇上原来的水分一起走。

所以实际上,你的嘴唇会比舔之前还要干。

2. 形成痂皮,啊!这个痂皮,你要是上手撕了呢,会形成**更多的痂皮**。

反正就是,你的嘴唇在舔完后,会**更不舒服**。但是天真的你,在看这篇文章之前,并没有意识到这一点。你感觉到嘴唇更不舒服了,第一反应觉得一定是因为没有舔够,然后你就逐渐失控。

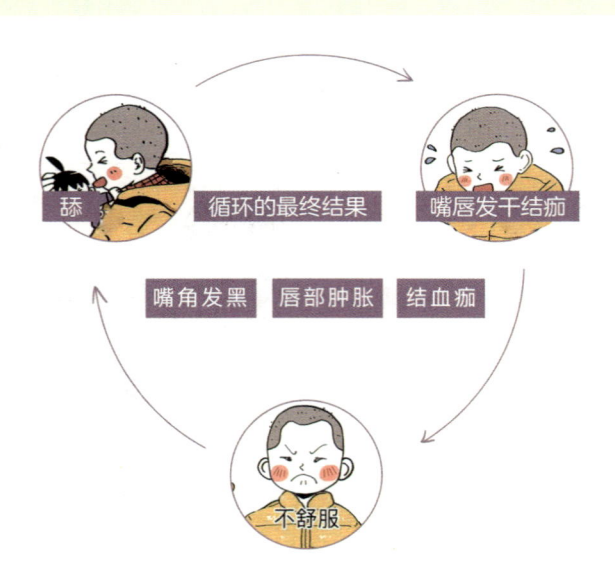

舔 → 嘴唇发干结痂 → 不舒服 → (循环)

循环的最终结果:嘴角发黑 唇部肿胀 结血痂

简单来讲,你得了**慢性唇炎**。

> 慢性唇炎多由各种长期、持续的刺激导致，如干燥、寒冷，尤其是与舔唇及咬唇等不良习惯有关。

讲这么多，就是为了告诉你，觉得嘴唇干的时候，**千万不要舔第一下**。为什么不用润唇膏，它不好吗？

> 单从滋润功效来看，润唇膏只需含有**甘油等基础成分**，就能对嘴唇起到保护作用。换句话说，很便宜的润唇膏就可以解决你的困扰。

❹ 好好走路

> 有些人……身材不好，是有原因的！

走路这件事吧，你要说就是为了移动，那的确蛮简单的。

不过但凡想对自己的身材负责，那走路还是有点难度的。

> 不正确的走路姿势不仅会损害健康，还会造成一些身材上的问题，比如屁股塌、腿粗等。

日本 TBS 电视台就做过一个测试，他们找了一些女生，上身看着差不多，但腿的差别有点大。观察后发现，腿粗的人站着和走路的时候，**脚趾是不会完全落地的**。

> 日本笠原接骨院院长笠原分析，脚趾翘起来走路，小腿和大腿会过度用力，自然长出更多肌肉，脂肪同时也会增加。

至于你的走路姿势是不是真有问题，对照下面，符合其中两条的，就说明要注意了。

1. 走路或站立时，胳膊总是不自觉地置于身体前侧。
2. 经常驼背。
3. 性子急，走路时身体前倾。
4. 等红灯时，总将重心放在一条腿上。
5. 无法走直线，总爱偏向一侧。
6. 总用一侧背包。

——日本品川志匠会医院副院长平泉裕

有问题的同学,你们记住 5 个走路要点。

1. 想象有人拎着你的头发,抬头挺胸,肩膀打开。
2. 抬腿的时候,是用胯部带动大腿,往上抬,而不是靠小腿蹬地把大腿顶上去。
3. 单脚落地的顺序是脚跟→脚掌→脚趾,滚动着地,踩实后再抬另一只脚。

4. 趾尖朝着正前方,别故意内八或外八。
5. 摆臂幅度在 30°~ 45°。

对了,渣哥看了日本的那个实验,补充说,真萌妹一定腿粗,是符合逻辑的。

因为萌妹走路法的关键在于,要脚跟先着地,脚掌落地后直接抬起来,这样看起来,就真的会莫名软萌。

~~大概是这个意思吧,他一边狂奔一边比画,我不是很确定说了个啥,也不是很明白他啥时候研究的这个。~~

5 别老熬夜

简单说,**熬夜会让人变丑**。有这样一个实验,大致是让参与者**连续 5 天,每天只睡 6 个小时**。然后参与者就肉眼可见地变丑了,参与者看了想打人。

不过这个实验,持续天数还是有点少,实际上你要是坚持熬夜,还会**变胖**的。2013 年,《肥胖》杂志上的一个研究说,睡眠不足会让人血液里的**饥饿激素**浓度升高,也就是说会让人更容易饿,而且,会让他们控制不住自己买那种热量更高的食物。

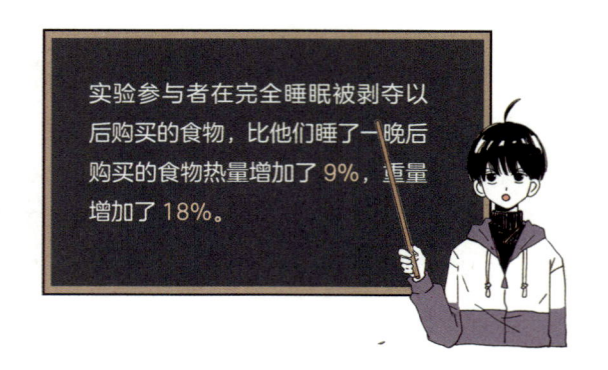

> 实验参与者在完全睡眠被剥夺以后购买的食物,比他们睡了一晚后购买的食物热量增加了 9%,重量增加了 18%。

所以综上，老熬夜，会让你变得又丑又胖。嗯，还有一点跟颜值没啥关系，但我觉得你们还是应该了解一下。《神经科学杂志》上有个研究发现，熬夜会造成**不可逆的大脑损伤**。

> 也就是说，

> 你会变成一个又丑又胖，脑子也不太好使的人。

比如说，很多人就完全忘了，开头我让你们记得，去测的一件事。

> 你现在是在用鼻子呼吸，

> 还是在用嘴呼吸？

如何科学增高

阿三,我最近发现我方方面面的都很优秀……

唯独不够高,以后可能找不到女朋友,你也是这样的。

你找不到女朋友……为什么要带上我?

事先说明,我是没有这种困扰的,这个问题是萌萌提的。

哦,那你就是还没我优秀。

……

不会……

虽然我自己并不是很在意这件事,但我想到,很多男生肯定在意,毕竟 1cm 的差距也是差距啊。

所以今天，我就跟大家好好讲一讲身高这件事。

身高这件事

- 你的身高由什么决定？
- 要怎样才能长高？
- 18岁之后还能长吗？

你的身高由什么决定？

首先你们应该都知道，很大程度上，自己的身高是受父母**遗传**影响的。

有个具体的公式，能算出你大致的身高区间。

FPH 法

男生

45.99+0.78×（父身高 + 母身高）÷2 ± 5.29cm

女生

37.85+0.75×（父身高 + 母身高）÷2 ± 5.29cm

好了，算完你们就知道，自己撑死有多高了。

~~当然了，这个是根据遗传因素预测得出的，不是说你就一定能长到那么高。~~

所以，下次你爸妈说你长得矮，你就可以把这个算式告诉他们。

~~我不敢的，你们试试。~~

另一个影响你身高的因素在于，**"第二性征"** 的出现。一般来说，如果你发育**比较早**，或者发育的**时间太短**的话，很大程度上也会影响你的身高。总的来说，虽然遗传对身高的影响占了 **60% ~ 70%**，但我们并不能就这样放弃希望，通过对身高的**"干预"**，还是可以长高的。

要怎样才能长高？

> 当着你爹的面说啥呢？

> 我懂了！马上找两个高个子的父母。

我们先来讲讲，人是如何长高的。

首先，这是一块普普通通却露骨的长骨，

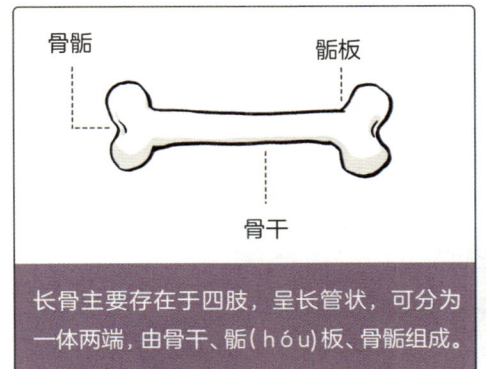

骨骺　骺板

骨干

长骨主要存在于四肢，呈长管状，可分为一体两端，由骨干、骺（hóu）板、骨骺组成。

我们之所以长高，就是骺板在激素刺激下经历**"骨化"**，让整根长骨不断生长。骨头变长了，个子也就长高了，等骺板彻底骨化后，我们就会停止生长。

这个结果也就是常说的**"骨骺线闭合"**。所以，你到底还长不长，取决于你的骨骺线是不是闭合了。换句话说，

> 如果你骨骺线早就闭合了，
>
> 就算你年纪还小也是不会再长了。

我建议有条件的同学，可以去医院拍个 X 光，看一下，如果你想证明自己还能长的话。

要是你幸运地发现，自己骨骺线还没有闭合，那么下面几点，就一定要记住了。

① 保证睡眠

有人曾经做过一个实验，结果表明——

> 当你进入第一个深度睡眠时（平均在睡着后 70 分钟）体内的生长激素会达到高峰期，并且持续 1.5 ～ 3.5 小时。

同时，发表在 *Sleep* 期刊上的一篇研究论文，也讲道，

> 生长激素分泌与 δ 波的出现在时间和强度上都呈正相关，而 δ 波是处于深睡眠的显著标志。

换句话说，当我们在深度睡眠的时候，生长激素就会疯狂分泌。所以，保证一晚上有几个规律的睡眠周期，对刺激你的生长激素是非常重要的。

己 控制性成熟的时间

虽然我知道，快餐、饮料确实让人很快乐，但是我上面也讲了，如果发育得太早的话，是长不高的。

所以，很多含激素的食物，年纪还小的同学就得少吃。对了，一般而言，女孩子早于 9.5 岁发育，男孩子早于 11.3 岁发育的，属于性早熟。千万要跟爸妈讲，要去医院看一下。

18 岁之后还能长吗?

如果你骨骺线已经闭合,那 **18 岁以上适用的方法**,就来了。虽然我们理论上不会再长高了,但可以通过一些其他操作,让自己看上去高啊。

① 把头部视觉变小

你们想想看,同样身高的两个人,是不是头小的,看上去会显得更高,这就是**视错觉**的原理,

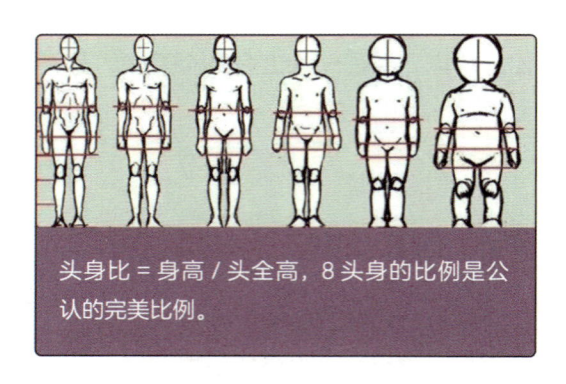

头身比 = 身高 / 头全高,8 头身的比例是公认的完美比例。

这是一个错误示范!

头身比越小,会显得人越高。

所以男孩子记得及时**修剪头发**,如果头发看起来非常"澎湃",就会显得头很大。

女孩子的话，据说有个叫作"阴影"的东西，具体我不是很懂，你们自己去研究一下。头比较大、颈部比较粗短的，最好就让脖子拉长外露，让头和脖子整体看上去修长一点。总之，想办法让头看上去比其他人小一点，你就达到了视觉上的增高。

乙 纠正腿型

有些同学，因为一些不好的习惯，腿会变成 X 型腿或者 O 型腿。

无形中，就让自己矮了好几厘米，所以，我推荐你们从改善腿型开始，毕竟大长腿谁不爱呢？具体来说就是：

你们要相信，纠正一些不好的动作是完全可以最大化自己的身高的，希望看完这篇文章的你们，一个个的都能再长 5cm。

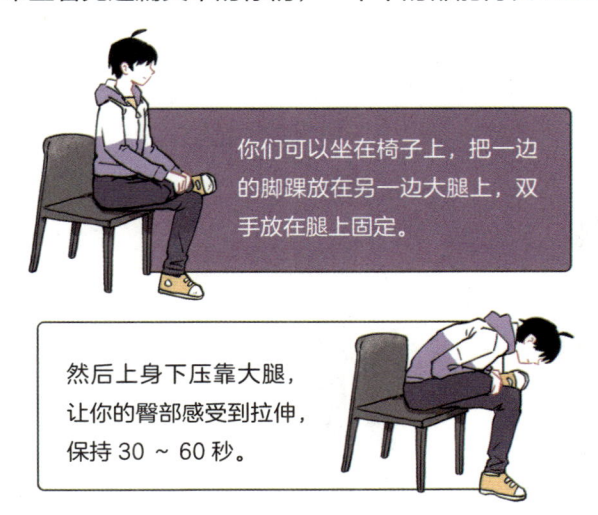

你们可以坐在椅子上，把一边的脚踝放在另一边大腿上，双手放在腿上固定。

然后上身下压靠大腿，让你的臀部感受到拉伸，保持 30~60 秒。

怎样纠正腿形

有哪些可以快速提升身材的小技巧

10个人里八成有10个都和我一样,

能坐着绝不站着,能躺着绝不坐着。

能逆袭

大长腿
小蛮腰
好身材

还总幻想着自己很完美,这件事我是最有发言权的,今天我就给你们好好讲讲。

① 好好走路

没想到吧,你这么多年的路可能都白走了。

> 有些人……身材不好是有原因的。

路走得不对,就会造成一些**身材**上的问题,比如:

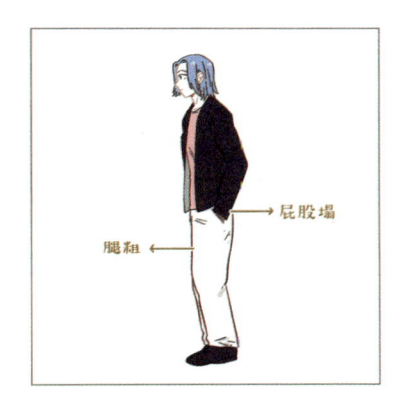

屁股塌
腿粗

脚趾踮起来走路的时候,小腿和大腿会**用力过度**,走着走着就走成了小粗腿。其实走路的时候只要注意,

脚尖朝着正前方,从脚跟到脚掌再到脚趾滚动着地。就能让你的腿变得又细又直。

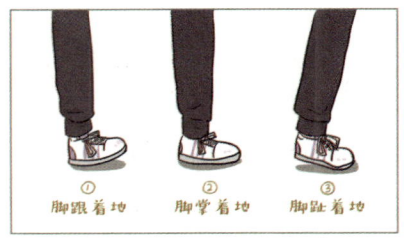

① 脚跟着地　② 脚掌着地　③ 脚趾着地

你每天上厕所啥的总要走路吧,只要每一步都踩实了,绝世好腿不就是走两步的事吗?

己 坐着跷脚

很多人一坐下来就管不住自己的下半身，总跷着个二郎腿。你可能不知道，当你跷二郎腿的时候，骨头会扭曲成这个样子。

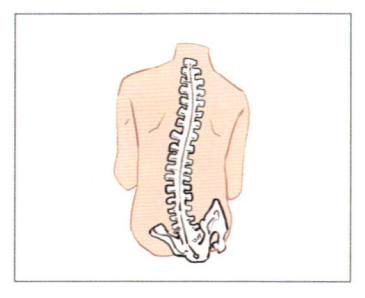

> 有些人……身材不好是有原因的。

长期下来，各个部位都会扭曲，甚至**直接变形**。

你明白我的意思吧，还不赶快把你的二郎腿放下来，试试**跷脚**。

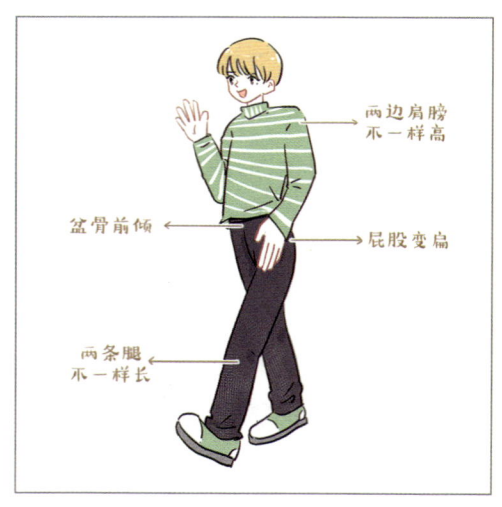

- 两边肩膀不一样高
- 盆骨前倾
- 屁股变扁
- 两条腿不一样长

踮脚不光能锻炼到小腿后侧的肌肉，还能防止久坐导致的**小腿静脉曲张**。你每天坐着没有 8 小时，也有 7 小时 59 分吧，要是一直踮踮脚，你的小腿看上去能更加**紧致纤细**。

3 玩手机抠脚

不少人都喜欢低头玩手机，站着玩，坐着玩，躺着玩。

> 有些人……身材不好是有原因的。

让你们不玩手机，估计是不太可能的，但你可以<u>边玩手机边抠脚</u>啊！

抠脚能同时拉伸腰部韧带和大腿后侧肌肉，你想想你哪天不玩几个小时手机，只要你手机玩得够久，动作做得够久，就能拥有线条优美的大长腿。

腿要尽量伸直

④ 深呼吸

听起来仿佛一句废话，谁还不会呼吸呢？

有些人……身材不好是有原因的。

脖子前倾
胸腔僵硬
圆肩、驼背
肚子变大
腹肌无力

久坐、懒人躺等不良姿势会影响**呼吸**和**膈肌**的运动，时间长了就容易**身材变样**。

而深呼吸用得好，不光能改善身材，还能收敛小肚子，具体操作就是，**双手插在肋骨下方掐紧，然后缓慢地吸气吐气。**

重点就是无论吸气还是吐气，肚子都要**用力向内缩**。

为啥小女孩也会得妇科病

我也不知道为啥你们一有身体上的问题就跑来找我，搞得我怪不好意思的。

当然了，我讲还是会讲的。

~~主要怕你们自己搜到一些奇怪的资料，然后暗戳戳地紧张。~~

不要紧张，听我说。

> 一只学霸的粉丝
>
> 霸霸！我体检检查出来有阴道炎，怎么回事啊？
>
> 可我还小啊，连对象都没有呢！
>
> 我该不会生了什么大病吧？
>
> 霸霸！你怎么不理我啊！是我没救了吗？

你们要明白，女孩子有可能由于各种原因，感染到妇科病，就比如：

① 阴道炎

有时候有些女生为了偷懒，经常出汗后**不及时换**内裤，或者直接穿**没晒干**的**内裤**。

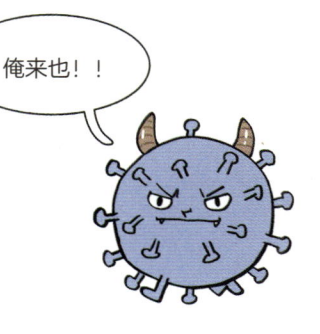

> 俺来也！！

> 还带着一些白色豆渣样特征的分泌物。

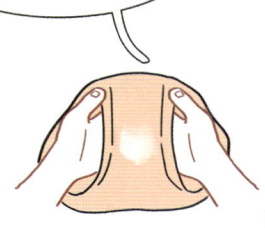

再加上，如果你这段时间**抵抗力**比较差，体内的细菌就会利用这个空当儿入侵到你的阴道，引起**霉菌性阴道炎**。最明显的症状就是，你会觉得阴道时不时痒痒的，

> 对，就是那个做酸奶的菌。

不过话又说回来，有些女生太爱干净了，也是不好的，我之前不是说过，阴道内有很多**乳杆菌**吗。

它能维持阴道的酸性环境，抑制致病菌的生存，保护你的阴道。但如果你**过分清洗**阴道内部，或者用一些奇怪的洗液，其实会杀死乳杆菌，反而打破了阴道内的细菌平衡，引起**细菌性阴道病**。总之，如果你们得了阴道炎，就大大方方地去医院看一看，没啥不好意思的。

2 宫颈糜烂

有些女生一听到**"糜烂"**这个词，就感觉自己好像快不行了。

> 完了完了，这下真的严重了。

> 我平时都那么注意卫生了，怎么还会糜烂啊！

但其实，**宫颈糜烂**并不是病，而是一种**周期性生理现象**。

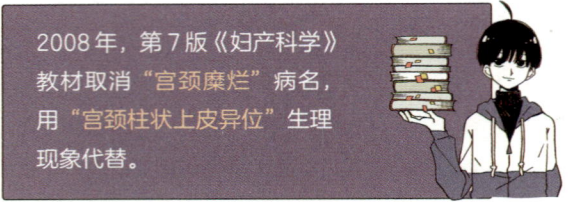

> 2008年，第7版《妇产科学》教材取消"宫颈糜烂"病名，用"宫颈柱状上皮异位"生理现象代替。

简单来说，就是你的宫颈内外，有两种长得不太一样的细胞。

一种是长在宫颈外部，比较光滑的**鳞状上皮细胞**；一种是长在宫颈内部，看上去凹凸不平的**柱状上皮细胞**。

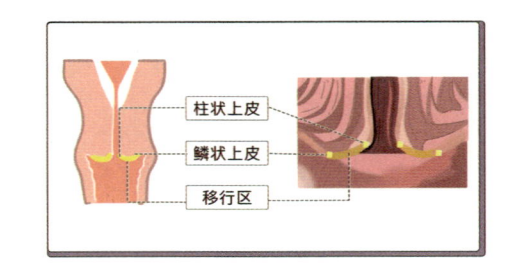

柱状上皮
鳞状上皮
移行区

它俩交界的地方，非常容易受到雌激素的影响，然后内部的柱状上皮就会趁机跑到外面来，所以看起来，宫颈就会不那么平滑，这都是正常的。

3 性病

是的,你们没有听错,虽然性生活是性病产生的主要原因,但它并不是性病发生的唯一因素。比如,尖锐湿疣和淋病,都能通过间接接触传播。

意思是说,如果你之前不小心用过病人的贴身物品,像是什么内衣、内裤、毛巾,甚至是公共厕所里的马桶盖,都是有可能被感染的。

4 盆腔积液

你们去医院检查的时候,医生可能会说,

> 没啥大问题,就是有点盆腔积液。

> 嗯?盆腔积液?

> 盆腔大概就是你肚脐眼到大腿之间那段位置。

但其实准确来说,盆腔积液根本不是病。因为我们的盆腔本身就含有少量的液体,用来减少脏器之间的摩擦,保护盆腔脏器。

只不过，女生排卵期的时候，有些卵泡液会流进盆腔，经期的时候，也会有一些不怎么听话的经血，经过输卵管反向流进盆腔，所以就会有轻微的肚子痛。只要不是太过分，稍微注意下就行了，反正最后这些积液都会被身体吸收掉的。

不过如果积液的体积超过100ml的话，说明你可能是得了盆腔炎，需要去医院看看。

妇科常见疾病

多囊卵巢综合征　　卵巢囊肿
乳腺增生　　子宫肌瘤

当然了，除了上面那些外，还有一些妇科病，比如说：

不要因为一些误会耽误了自己的健康。

其实都和有没有对象没有特别大的关系，总之，各位女孩子，希望你们能够掌握这些知识。

为啥有些人的腿会变得越来越短

前两天有学妹，跑过来问我。

> 学霸，你有没有发现……最近我有啥不一样？

> 嗯？

> 你往下看，你看我的腿啊！

> 突然变短了啊！！！

> 没发现有什么变化啊。

> 腿变短这件事，多半是你们自己导致的。

我跟你们说，闲着没事的同学，找个地方站着，好好照照镜子，重点观察一下自己**膝盖**的位置。

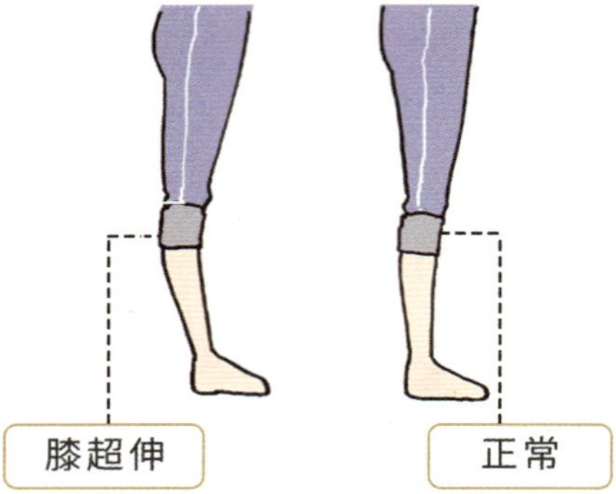

理论上来说，我们站直的时候，大腿和小腿应该在同一条直线上。

膝超伸　　正常

膝超伸的腿长 < 正常腿长

但有的人大小腿就像掰不直的圆规，看上去就会比正常人要**矮上一节**。

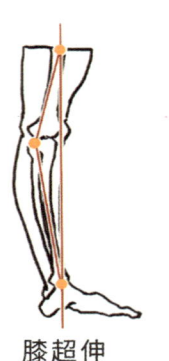

毕竟两边之和大于第三边

膝超伸　　正常

这种情况，就叫作"膝超伸"。

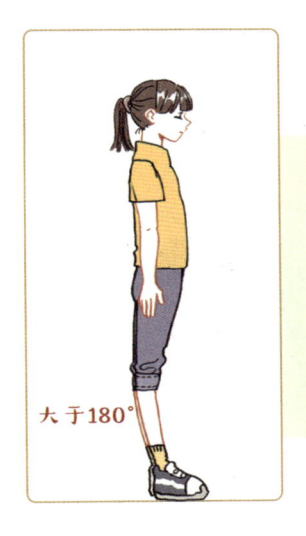

大于180°

膝超伸：

站立时大小腿之间角度大于180°，侧面呈C形，小腿后侧相对于脚跟位置靠后，容易导致腿变短，小腿粗壮。

这都是平时的错误姿势导致的。

不良的站姿、坐姿容易引起膝关节韧带松弛、肌肉不平衡、膝关节不稳定等问题，导致膝超伸的发生。

腿短的人，还有啥其他症状？

> 腿丑点也没啥关系啊，脸好看就够了啊！

你们不要以为，膝超伸只是让腿看起来又粗又短而已。

> 没你想的这么简单。

①

膝超伸的人，为了让自己站着比较稳，大部分人的重心，都会向前偏，像<u>站军姿</u>那样。

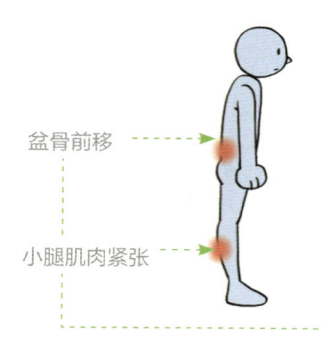

这样，不仅会让小腿后侧肌肉变得非常紧张，而且为了维持平衡，骨盆也会前移，引起<u>腰疼腿疼</u>。

盆骨前移

小腿肌肉紧张

2

膝超伸的人，膝盖在弯的时候会承受太多不该承受的压力，造成**膝关节疼痛**。

这个时候，膝盖就像中了一箭，

~~其实那就是，磨损得太厉害了。~~

疼！硬生生地疼！

3

如果一直膝超伸，还会引起严重的**扁平足**，导致踝关节病变。

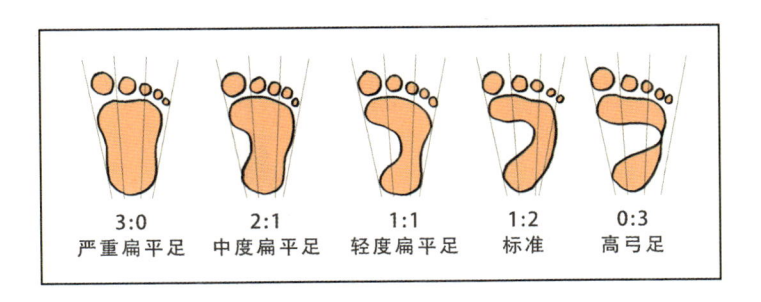

3:0	2:1	1:1	1:2	0:3
严重扁平足	中度扁平足	轻度扁平足	标准	高弓足

简单来说,就是容易摔倒。

嗯,虽然电影里女生平地摔,能刚好倒在男主怀里,怪浪漫的,但实际上,如果你扁平足的话,那我只能建议你们——

⚠ 戴好护具

呼!好险,还好奶茶没翻!

走着走着,一不小心摔倒了——

哎哟!!!

后退半步——

4

膝超伸还会和 O 型腿、X 型腿，**各种腿型相互影响。**

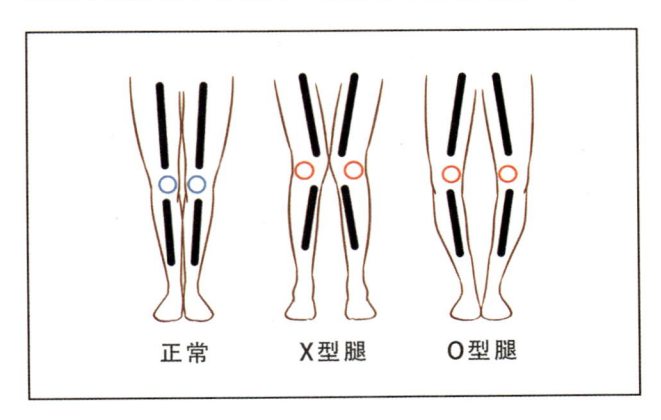

正常　　X 型腿　　O 型腿

最后，你的腿就会又弯又短。

如何让变短的腿重新变长？

至于怎么做才能让自己拥有一双绝世好腿，其实很简单，可以经常**拉伸一下腿部肌肉**，让肌肉得到充分伸展。

> 哦，对了，这里注意一下，拉伸的是肌肉，不是韧带。

就比如，多做做下面这些动作。

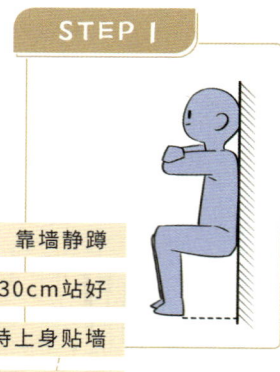

STEP 1

靠墙静蹲

双腿距离墙面30cm站好

缓慢下蹲保持上身贴墙

蹲到90°停留几秒后恢复原样

STEP 2

伸屈膝运动

坐姿，单脚向前伸出

膝盖伸直停留5~10秒

人和人的体质
是不可一概而论的

这么练习，几个月之后，你就会惊奇地发现——

练过的　　　天生的

脊柱侧弯的人有多痛苦

脊柱侧弯的人其实非常痛苦,在这个复杂的世界,他们承受了太多外界的压力,要经受身体和精神的双重折磨。

> 你们见过脊柱侧弯的人吗?

> 你是说……

> 当然见过啊!

> 这不到处都是吗?

由于跟周围人不一样,一不小心,他们就要遭受各种指指点点。

> 这不学霸吗……
> 怎么脊柱变弯了?

相比之下,身体上的痛苦,来得还要更猛烈一些。

脊柱变形可能导致肩背部、腰部顽固性疼痛,甚至出现神经受损、肢体感觉障碍、下肢麻木、大小便异常等症状。

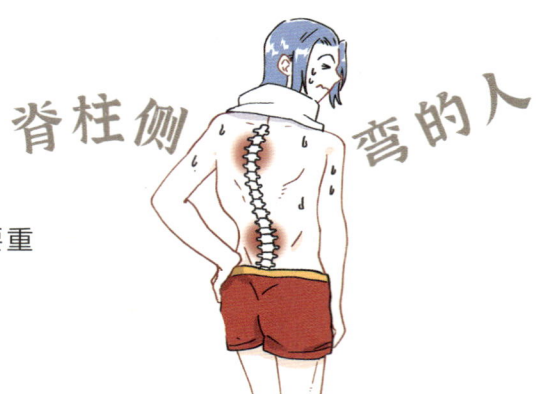

脊柱侧弯的人

是的,今天我要重点讲一讲——

脊柱侧弯的人很可能不太明显，别人很难发现，我来教你们判断一下，自己是不是弯的。

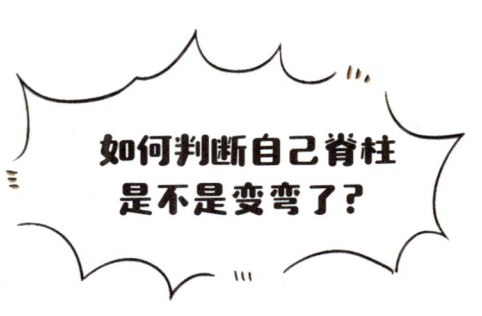

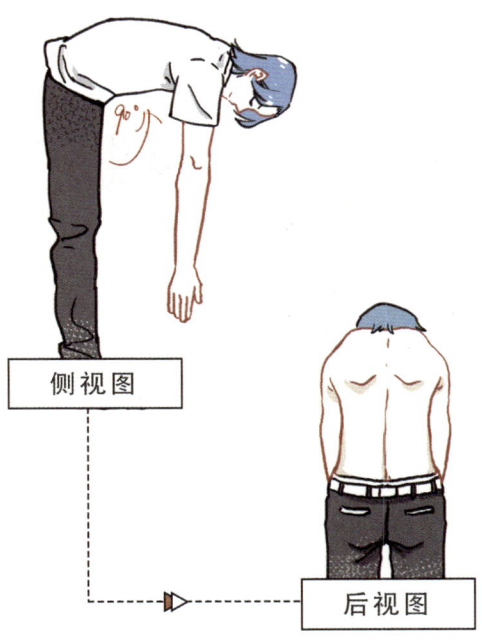

如何判断自己脊柱是不是变弯了？

有的人比较低调，需要一些特殊的契机才能发现，比如去医院拍个片。

要是不好意思去医院，可以自查。首先膝盖伸直，双臂合拢前伸，然后慢慢弯腰90°，就像这样。

侧视图

后视图

瞧瞧这光滑平整的背脊，拔起火罐来贼顺溜，如果是弯的人，那他的背看上去就是这样的。

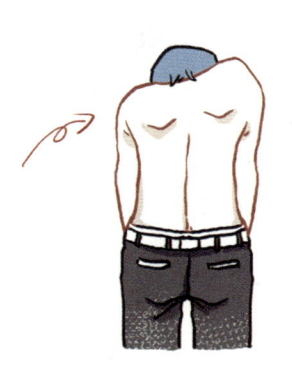

脊柱是怎么变弯的？

很多人根本不清楚，自己是怎么变弯的，这个原因很多。

> 所以每个人都有脊柱变弯的潜质吗？

其实有的是**先天的**，有的是**后天的**。而后天的除了一些疾病，比如炎症刺激、肿瘤等，还有很多是不良姿势引起的。

> 不愧是我毛哥，总结得真精辟。

PART 1 不良坐姿

既然注意到了，那就要小心了，脊柱侧弯真的是防不胜防，生活中其实充满了各种变弯的诱惑。

PART 2 懒人躺

PART 3 弯腰驼背

没有？没有就对了，你的脊柱有啥问题，它会告诉你吗？

嘘，别说话，仔细听。

听到什么声音了吗？

脊柱变弯的人有多难掰直？

等你发现它有问题的时候就晚了，赶紧把腰给我**挺起来**，事先提醒你们一下，变弯容易，变直可就难喽。根据你弯的程度，这还要分三种情况。

① 轻度脊柱侧弯

轻度脊柱侧弯还好说,做做姿势矫正也就回来了,比如:

不是我不教你们,每个人弯的情况都不一样,是需要根据**具体情况设计动作**的,网上随便搜一套操做了,就能把自己掰直?想啥呢,老实看医生去吧。

② **中度脊柱侧弯**

中度侧弯的人，还要更麻烦一些，除了**物理治疗**和**康复训练**，还需要**穿戴支具**进行矫正。

> 难道说，我家祖传的背背×要派上用场了？

> 你那玩意儿还是留着当传家宝吧。

矫正脊柱侧弯用的支具，也是根据病人情况定制的，长这样——

穿这种支具是为了防止情况恶化，所以需要**长期穿戴**，一天要穿 **20 小时左右**。你们穿过背背×吗，虽然这玩意儿跟背背×差别比较大，但它们有一个共同点——都很**勒得慌**。

③ **重度脊柱侧弯**

何以解忧？唯有手术。来，让你们见识一下，脊柱侧弯矫正手术，首先把背划开，找到脊柱。

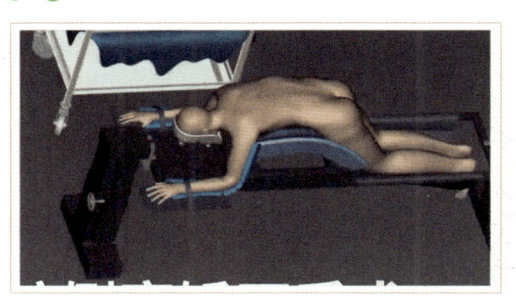

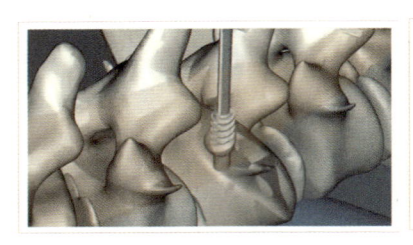

在脊柱的一边打一排孔,植入椎弓钢钉和矫正器。

然后利用矫正器和钢钉,把脊柱拉直。

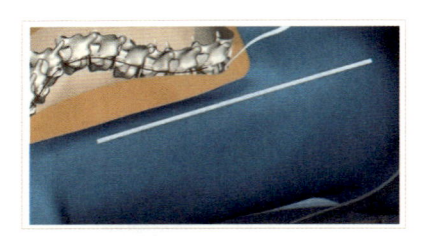

最后在另一边也打一排孔,置入钢钉和矫正器。

手术失败怎么办?这简单,轮椅我都给你准备好了,我在秋名山等你。

渣哥作弊!他抢跑!

阿三,你那什么轮椅啊!怎么跑这么快?

AE86啊,怎样?飘一下?

如何控制自己身体的味道

身体的味道？喷香水不就得了，

或者用沐浴露掩盖……

不是，我是说身体天然的味道，

喷香水是没有用的。

咔 咔

我为啥要控制身体天然的味道？

这么说吧，可以不知不觉地吸引到异性。

> 那你啥时候写好啊?

> ……

> 写完别忙着告诉他们!先给我看看!

> 你别老打扰我,我就能快点了……

> 你倒是快点啊!

强调一下,**"体味"** 是由人身体散发出来的特殊而天然的气味。

> 个人身体气味由体内新陈代谢特定菌群的共同作用所产生,通过皮肤分泌出来的汗液和皮脂,以及脱落的表皮微粒散发到空气中。

它可能不是那么浓烈，有时候你自己都意识不到，但其实它非常擅长搞事，最有意思的一点，就是可以悄悄地决定，你**对异性的吸引力**。

> 可以把香水啥的，当成试图改变体香的作弊努力。不过真正的体香，还是没法忽略的，即使是香水，也要和个人原本的体味交融反应，才能得到最终的效果。

一直以来，科学家们对身体味道所包含的性吸引力都充满了强烈的兴趣。嗯，不过这些研究，还是蛮有用的，我们现在可以总结出来。

好香啊……

• 体香好闻的女孩子

① 男生吃太多米和面，会让妹子觉得难闻

注：男生适用

澳大利亚麦考瑞大学的研究人员做了个实验——

他们让女性参与者去闻男性参与者腋下汗液的味道,那群被评估的男性参与者,吃的东西不大一样,结果发现,女性会觉得,那些吃水果和蔬菜比较多的男性,体味最好闻。

花香　水果味　甜味　药味

据说吃肉、鸡蛋、豆腐比较多的男性,体味也不差。

但是,摄入碳水化合物比较多的男性,身上的味道,就莫名有点臭。

总的来说,男生要想让体味讨女孩子喜欢,最好别吃太多米、面、糖。

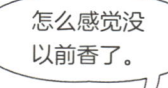

怎么感觉没以前香了。

连吃一个月泡面的你

己 吃蒜多的男生，体味会更加迷人

注：男生适用

一般我们会觉得，吃蒜，会让自己挺**难闻**的，但是实际上，蒜只会影响你嘴里的味道，这是**短期**的，从长期来看，并不会让你的体味难闻，而且根据一个 2015 年略微奇怪的研究表明，蒜甚至会让男性的体味更加**迷人**。

这个研究找了 42 个男生，把他们分成两队，在他们的胳肢窝下面放上小垫子，然后找了 82 个女性志愿者，让她们去闻那个小垫子。结果发现，当男性吃蒜比较少的时候，他们的体味和不吃蒜的男性差不多，当他们吃蒜比较多的时候，差别就出来了，**吃蒜一组**的体味受到了更好的评价。所以各位男生，约会前努力吃蒜啊。

③ 女孩子在受孕期，体味会更好闻

注：女生适用

> 学霸，我敬你。

> 不是，你听我解释，这是人家的实验……

科学家研究表明，女生在她们月经周期的最易受孕期，身上的味道最为诱人。

受孕期就是这段时间：

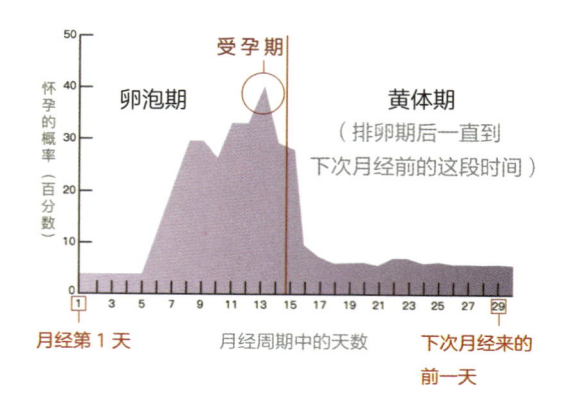

卵泡期　受孕期　黄体期（排卵期后一直到下次月经前的这段时间）

怀孕的概率（百分数）

月经周期中的天数

月经第1天　　下次月经来的前一天

这个其实也蛮好理解的，因为这个时期的女性最容易怀孕。

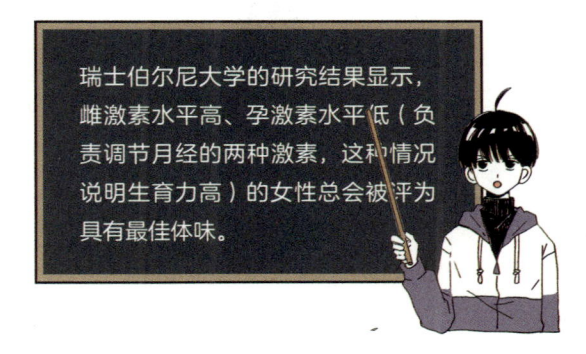

> 瑞士伯尔尼大学的研究结果显示，雌激素水平高、孕激素水平低（负责调节月经的两种激素，这种情况说明生育力高）的女性总会被评为具有最佳体味。

所以即使气味的改变挺微妙的，男性还是能准确地判断出来。我想了一下这个研究对女孩子的启发，也许女生可以尝试下，在易受孕期想点借口**多拥抱几次男神**。

❹ 基因也会影响体味，不过你们不用太担心

> 天生的，我也没有办法。

遗传会决定很多事情，比如人的体味，这点不多说了，因为你们也改变不了啥，不过一般来说，作为亚洲人，你的体味不会很重。

有本1998年的杂志，叫《农家之友》，里面有一个测试这样说：

布鲁塞尔一家美容中心做测试得到的结果：

法国女性————骆香味

英国女性————藕香味

德国女性————木香味

美国女性————藻香味

瑞典女性————木槿香味

但我不是很确定，因为我没有找到这些说法的出处，你们看看热闹就得了。

5 某些疾病会让你闻起来怪怪的

注：男女生均适用

记得及时就医。

一些疾病，也会导致人的 **新陈代谢异常**，从而让身体的味道变得很奇怪。

> 糖尿病、胃溃疡、胃炎以及牙龈炎等疾病都有可能改变人的体味。

具体来说，比如有糖尿病的人，会散发出丙酮的气味。这个丙酮的气味不大说得准，有人好像蛮喜欢的，有人觉得它是种**"令人绝望的味道"**。

得风湿病的人，汗水的酸味会比较重，而得麻疹的人，会散发出鸡蛋味，总之，有病及时就医，不然体味不好闻。

❻ 不要让自己太胖，容易有臭味

> 一起去看电影吗？

> 不了不了。

因为人一胖，皮肤皱褶就会多，会容纳汗水和细菌，就更容易发出臭味。

如果真的胖了……可以多洗澡，注意使用**抗菌肥皂**，这样可以减少身上的细菌，或者穿一些比较**透气的衣服**，这样可以让汗水快点挥发掉。另外，还可以刮掉某些部位的**毛**。

> 大汗腺集中的腋窝和耻骨区域的毛发会储存汗水，滋生细菌。

好的，我讲完了，只能帮你们到这里了。

我为你们都看完这么多奇怪的研究了，

你们一定不要辜负我啊！

社交篇 3

暗恋表现统一测试

（男女通用版）

我只是单身，我又不是傻子！

你骂谁呢？这谁还能看不出来啊？

不是我说，在座各位，你们不会连别人是不是暗恋你都看不出来吧？

这个问题和我有啥关系？人家都是明恋我的。

鼻子，我们不要理渣哥。

正好我这儿有几道题目，你们自己测一测吧！

万一看完能发现啥了不起的事情呢。

❶ 请问下图谁在暗恋谁？

A：萌萌暗恋女生
B：女生暗恋萌萌

正确答案：B

有人发现了一种通用的表情，能够判断女生是否对你有好感，具体表现为：

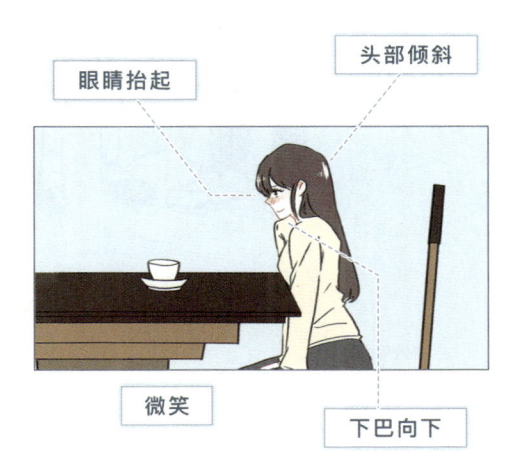

眼睛抬起
头部倾斜
微笑
下巴向下

就是说按这套理论，如果女生平时老这么看你，

那她大概率对你有好感。

2. 下面三个人里面,哪个才是倒霉蛋?

A. 黑发男生
B. 女生
C. 蓝发男生

正确答案:C

微妙的肢体动作,是包含了一些信息的,你们看这三个人的脚啊。

很明显左边俩人的脚尖都向着对方,属于双向暗恋,最右边的那个倒霉蛋,大概率是:

错付了!

3 下面场景中,如果你是女生,会觉得对面的男生想干吗?

A. 他真的很口渴
B. 他暗恋你啊
C. 他学习呢,没意识到自己在做啥

正确答案:B

从心理学的角度来说,这种其实就是"自主模仿"。

一般来说,"自主模仿"与好感度有关,模仿的水平越高,说明好感度越强烈。

你们一定要敢于观察，

~~哪怕这个模仿看起来不太正常的样子，~~

我举个例子，有没有一种可能，我是说可能啊，下次你们起来回答问题的时候，故意脸红，然后观察台下的人。

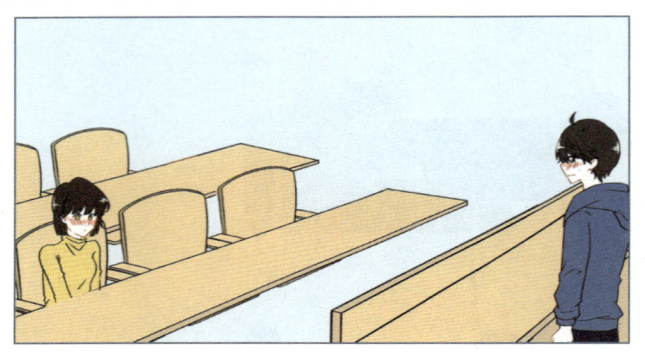

**哪个跟着脸红了，
就说明他／她是暗恋你的！**

④ 请问以下场景中，谁和谁互有好感？

A. 蓝毛男和对面女生
B. 呆毛男和对面女生

正确答案：A

这个运用到的原理叫**"杯子效应"**，它是说人在暧昧的时候，对亲密距离的把控问题，包括下面三种情况。

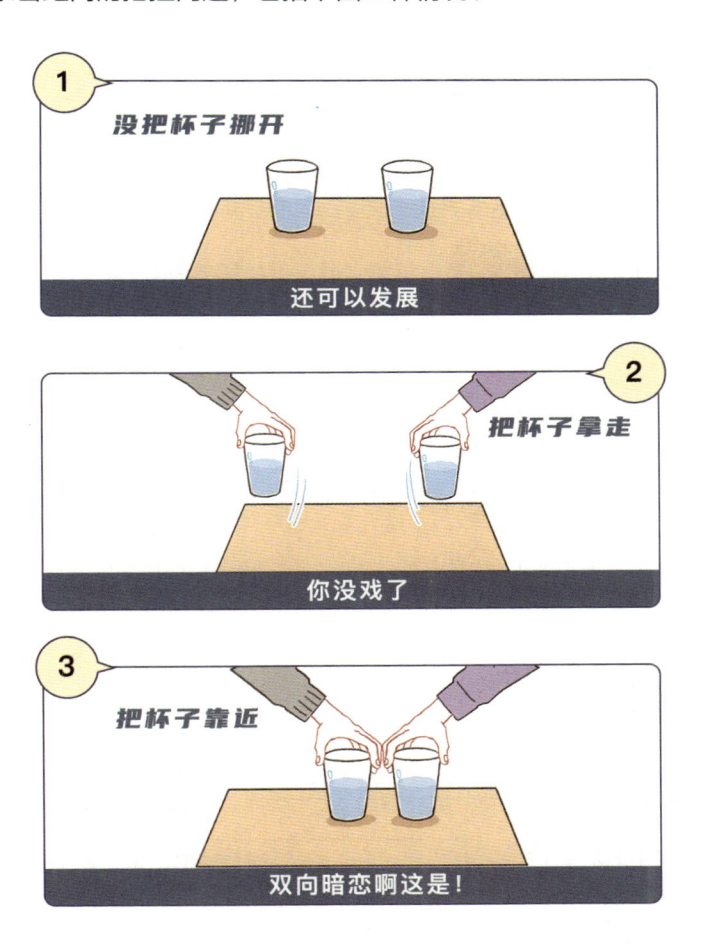

1 没把杯子挪开
还可以发展

2 把杯子拿走
你没戏了

3 把杯子靠近
双向暗恋啊这是！

同样适用于
各种你想故意靠近的暗恋对象。

5 下面三种场景中，电话里的女生对哪个男生有好感？

语调高亢
好啊！

语调低沉
好啊！

语调和平时一样
好啊！

A. 呆毛男
B. 黄毛男
C. 蓝毛男

正确答案：B

人在和暗恋对象说话时，语气、语调是会和平时不一样的，具体来说，

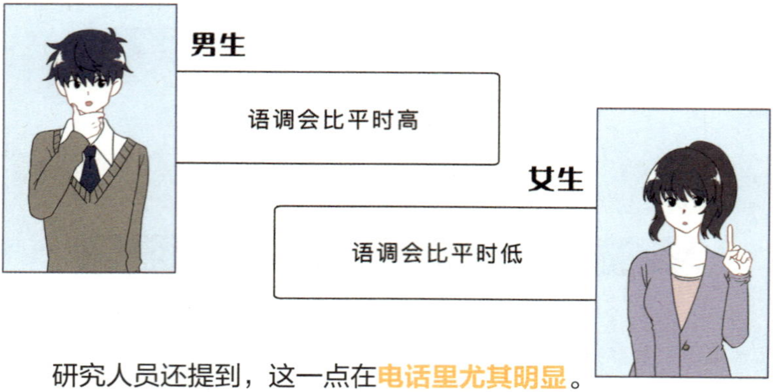

男生 语调会比平时高

女生 语调会比平时低

研究人员还提到，这一点在**电话里尤其明显**。

~~我觉得很有可能是，当面说话会不好意思。~~

❻ 请问下面场景中女生是什么心态？

A. 这是傲娇暗恋你
B. 很明显她讨厌你
C. 她对你没啥感觉的

正确答案：A

如果某个女生或男生暗恋你，但不是很自信，那他/她很有可能会对你产生——

"反向形成（Reaction Formation）"

这样他/她才能抵御被你拒绝的担心，不过也有可能他/她是在欲擒故纵。

你们懂的，真正的猎手往往以猎物的姿态出现。

因为萌萌说篇幅太长,你们也看不进去。

好的,我说完了,不要问我这一篇为什么这么短。

……

你不许走!要不要加入我们协会?

互帮互助小组

……这货,简直是离谱他妈给离谱开门。

离谱到家了……

快速和男生打成一片的6个小技巧

男生这种生物,

其实非常,容易把握。

快速和男生打成一片的 6个 小技巧

那些看上去,十几二十来岁,

像模像样的男孩子,其实……

快速和男生打成一片的 6个 小技巧

> 这个世界，由我守护！！

> 嗯，脑子就很单纯。

> 哦，明白了。

> 我开始怀疑，我为啥想要和男生搞好关系了。

> 所以具体的技巧就是下面这几个……

> 不是打成一片吗？

> 他们都打不过我的。

> 社会社会，

> 嗯？？？

女生们，你们冷静，这个方法是不行的，和男生友好交往的方法有很多，你们仔细听我讲。

~~男粉们放心，我不会亏待你们的。~~

1

一般来说，男生的自尊心是很强的。

> 我这波操作，怎么样？
>
> 玩得好啊哥，我是废物！
>
> 6666666，不愧是你。
>
> 哈哈哈，哈哈哈哈哈。

所以变着法子地夸他们，他们就会更容易接受你。

男生之间普遍存在竞争关系。

这就导致男生更需要获得性别上的认可，

来抵消自己在竞争过程中，感受到的焦虑和挫败。

照着这个思路，方法不就有了吗？你们注意一下，想认识的那个男生平时都和其他男生干些啥，然后**顺势切入**。

1 一起打游戏

怎么样，我这把还可以吧？

就这？？还不如我单排呢。

2 一起看奥特曼

泰罗奥特曼，永远的神！！

泰罗是谁？不要来蹭我迪迦的热度。

3 看他打球

怎么样，我刚刚那球帅不帅？

你的鞋是假的。

愤怒值 +10086……

乙

如果你是比较彪悍的女孩子，就更简单了。

> 一项研究表明，在社交过程中，**一定的身体接触能给大脑正向的反馈**，使身体产生积极感受。

也就是说，友好地"碰一下"是可以促进你俩之间关系的。

但最好还是讲究些方式方法，毕竟也不好表现得太明显、太主动啥的。万一被误会，就说不大清楚了。

嘿，哥们儿，过得怎么样？

她是不是故意找我搭话？

难不成，喜欢我？

所以，你们最好选择一些**短促有力的接触方式**，比如：

这样的打招呼方式，既能让他感受到你的热情，又不会让他误会你对他有啥其他想法。

3

从社会学的角度来说，男生的友谊并不会花很多精力去维持。

> 儿子，中午吃饭去啊？

> 不去……

> 爸爸！明天开黑啊？

> 儿子，爸爸来了。

你们看明白了吧。

> 哦，学会了，学会了，管他叫爸爸就行了。

> 不，我不是想说这个的。

重点在于,
你们不要表现得太想和他们一起做些啥,
心理学上有个理论叫作——

> **刺猬效应：** 强调的就是人际交往之中的"心理距离",即一种不远不近的恰当合作关系。

所以你们要做的就是——

嘿,中午,一起吃饭吗?

不去……

爸爸!晚上,一起吃饭吗?

不,我有约了。

4

但这并不是说，男生就不需要和人交流了。

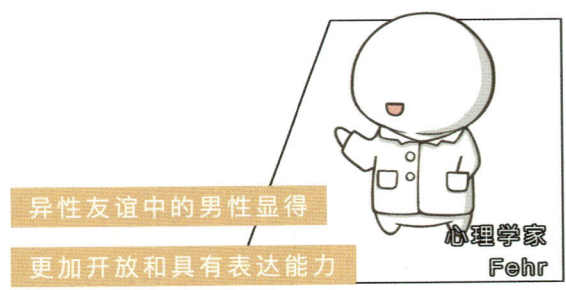

心理学家 Shaffer： 异性友谊能帮助传统大男子主义的男性避免孤独

心理学家 Fehr： 异性友谊中的男性显得更加开放和具有表达能力

翠花，我感觉很不好。

没事，你还有你爹我，我不会抛弃你。

说人话就是，和女孩子聊天能让男生不那么自闭，满足情感上的倾诉需求。

所以看明白了之后，女孩子们就好下手操作了。

5

1989年科学家Sprecher和Metts，用**"浪漫信念量表"**对男女进行了量化分析，

> **浪漫信念量表**（Romantic Beliefs Scale）：
> 一种常用的衡量浪漫主义的分析方法。

结果发现，**男生总体的分数比女生更高**，也就是说，男生会更懂得**"风情"**。所以照着这个结论，你们可以特意制造一些——浪漫的场景

然后他就会陷入其中，无法自拔，并且觉得你真是好有趣。

> 萌萌玩瑶贼六的！
> 你们请他带飞啊！

> 绝交吧，绝交吧，绝交吧……

热烈庆祝萌萌成功晋级荣耀黄金段位

6

美国国家科学院院刊上有一篇报告说：

> 通过模型模拟发现，两人在时间、空间上**重合程度越高**，那么两人是朋友的**可能性也越大**。

所以，即使你什么都不做，只是经常出没在那个男生周围，也可以提升你俩之间的关系。

嗯，上面这一系列的操作，你们都做到的话，相信你们肯定已经和他变成好朋友了吧。

男生被女生叫"哥哥"，究竟是啥感觉

这个事情吧，我们要具体情况具体分析。对男生来讲，同样是叫"哥哥"，不同的女孩子这么干，那效果是不一样的。

1

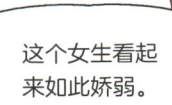

正常女孩子，这一喊"哥哥"，那肯定可以激发男生的保护欲。

毕竟妹妹这个身份，隐含的意思就比较年幼、柔弱，而人类对幼小对象，哪怕只是看起来比较幼小的，都会控制不住地想去保护，这是进化策略的副作用。

哥哥！

这个女生看起来如此娇弱。

相比其他生物，人类小孩长得慢，又容易受伤。

所以作为社群动物，人类动不动就保护欲爆棚，这样可以确保种群延续。

放心，我会保护你的。

加上男生又老想着展示一下自己的男子气概，这不就给了他们机会吗，那肯定是，激动了起来。

哥哥！

如果这个女生，年纪看着也差不多，又是男生比较有好感的那款，那一叫**"哥哥"**，男生会有心动的感觉。

因为妹妹这个设定，暗示她是个**"年轻女孩子"**，巧了，男生本能地觉得，年轻女生更有**性吸引力**。

这个要从生物学角度解释，主要是一个繁衍的问题，和男生相比，女生的生育力下降得比较快。

说白了就是，只有年轻的女孩子才比较容易生孩子，所以从性吸引力上来讲，男生更喜欢年轻女生。

- 大眼睛
- 高额头
- 厚嘴唇
- 小鼻子

这就是萝莉脸的女孩子更招男生喜欢的原因，看着年轻啊。

总的来说，叫"哥哥"会让男生有**陷入爱情的感觉。**

3

不过平时比较豪迈，或者男生没啥感觉的女生，突然来一声"哥哥"，那男生倒也不能说毫无感觉，情绪波动那还是有的。

> 哥哥！

愣住 　　迷惑 　　惊恐

或者脑海中直接出现这种义薄云天的画面。

~~如果他是一个，比较有文学底蕴的男孩子——~~

> 李逵道："哥哥几时起义兵，我那里也起军来接应。"
> 宋江道："兄弟，你休怪我！……"言讫，堕泪如雨。
>
> 李逵见说，亦垂泪道："罢，罢，罢！生时伏侍哥哥，死了也只是哥哥部下一个小鬼！"
> ——《水浒传》

嗯，所以各位女生，对照上面三种情况，自己看着办吧！对了，还有两个小细节得提醒各位女生一声，

女生喊"哥哥"，有啥要注意的细节？

1

我们前面说了，男生会喜欢年轻的女孩子，但是你要注意，年轻不是一个相对的概念，它是一个绝对的年龄区间。

男生不是永远喜欢比他们小的女生，

生育力最强

而是永远喜欢 20 来岁的女生。

所以比较有意思的是，年纪小的男生内心深处，其实喜欢比他大的女生。

亚利桑那州立大学的肯瑞克等人发现，对于 12～18 岁的青少年来说，他们理想中的女性伴侣要比自己大上 4 岁左右。

> 弟弟，想啥呢？

你明白这个意思吧，如果你看上的男生，年纪比较小，那就要，大胆表明自己**姐姐的身份**。

2

叫"哥哥"两个字就行了，**请严格操作，不要自己做改动。**

~~毕竟你们有时候的想法，总是这么难以预料。~~

有的女生，觉得叫"哥哥"不大好意思，就自己改那么一两个字，比如：

> 大哥！

> 我去！

大哥!

小弟!

你说你都喊得这么兄弟情了,那男生还能有啥感觉,肯定是正义的感觉啊。

表哥!

不是,我就瞎喊喊……

《婚姻法》第七条规定,三代以内旁系血亲禁止结婚。

话说家族群我怎么从来没有见过你?

　　为了避免你们说我是妇女之友,我也顺便替男生考虑一下,毕竟站在男生的角度也有个问题……

被女生叫"哥哥"后，男生要怎么称呼女生？

> 妹妹，让姐姐教你怎么做人。

理论上讲，我们应该顺着人家的称呼，既然女生喊了"哥哥"，就应该回个"妹妹"是吧。但是"妹妹"可能会有一种鄙视的感觉，因为女孩子吵架的时候会说：

按照《西游记》的说法，叫"呆子"也是比较宠溺的，但是万一女生说你骂她猪，就不大妙了。

> 那呆子（猪八戒）吊在梁上，哈哈地笑道："哥哥啊，耳朵吃不成了！"
>
> 行者道："呆子，可吊得自在吗？我如今就出去，管情救了你们。"
>
> ——《西游记》

不过刚刚也提到，称呼对方"**小弟**"，又过于正直了。

一定要改进一下这个称呼，加一点柔情，加一点对女生的赞美，还要透露出"**我俩关系好啊**"的感觉，这样可以迅速拉近和妹子的距离。

> 那咋办啊？还是叫小弟吗？

所以建议很简单，遇到叫自己哥哥的女生，一定不要慌，气沉丹田，沉稳地喊回去——**贤弟**。

释义：有道德的、有才能的。
贤弟：对关系亲近的、年纪比自己小的兄弟的尊称，一般不熟是不能这么叫的。

"女生喜欢的女生"和"男生喜欢的女生"究竟有啥区别

我也不知道,我的女粉一天到晚都在郁闷个啥,但是我要证明,就没有我回答不上来的问题。

> 我天天看你文章学撩人技巧,

> 怎么撩到的全是妹子,没一个男生?

> 我那么多男性朋友,咋一个闺密都没有?

> 是我不配吗?

女生喜欢的女生

男生喜欢的女生

究竟有啥区别?

①

男生

男生喜欢黑头发的女生

根据日本一个针对 250 名男性的调查,有 **72.8%** 的男生真正喜欢的是黑发妹子。虽然很多人日常自称白毛控,但真喜欢白发妹子的男生只占 **0.4%**。

女生

女生喜欢发色搭配协调的女生

而很多女生在调查人员随后的采访中表示,女生发色"适合自己就好"。

男生

男生对肥胖的妹子有距离感，48% 的男生会这么想。

这个结论来自 Ask Man 对 7 万名美国民众的调查，好玩的是，只有 20% 的女性会抛弃她们变胖的男朋友。

女生

女生是不是喜欢肥胖妹子不知道，但她们更喜欢主动抱怨"我好胖啊"的女生。

亚利桑那大学人类学家 Nichter 指出，女生在女生堆里时，开口对自己的身体进行抱怨，即自我贬低（self-degrade），可以获得更多好感。

> 懂了，想让班草喜欢就减肥，

> 想让班花喜欢就多说几句"我好胖"。

> 有道理，那还是去攻略班花吧！

> 减肥是不可能减的，说自己胖还不容易。

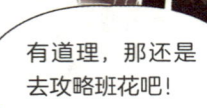

3

男生

男生更容易和"高工具性"的女生处得比较好。

女生

女生和女生之间的友谊，是建立在"高表达性"基础上的。

"工具性"是指和完成任务有关的特质；"表达性"是指和社交、情感有关的特质。

具体点说就是，得和女孩子经常聊天，说甜甜的话，多聊点私人话题和人际话题，多分享点自己的秘密，给她情感支持。

工具性特质：自信、独立、有抱负、有领导力、果敢

表达性特质：热情、温柔、有同情心、仁慈、敏感

4

男生
穿衣服少的女生会让男生的**大脑激动**。

女生
穿衣服少的女生并不会让其他女生激动。

可是我在澡堂看到身材好的妹子也会很快乐。

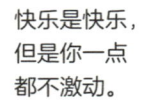

快乐是快乐，但是你一点都不激动。

5

男生

男生喜欢穿高跟鞋的女孩子

来自南布列塔尼大学的实验

让女生穿着不同高度的鞋子，在路上拉男生填调查问卷。

鞋子高度	答应填问卷的男生比例
平底鞋	42%
5cm 低跟鞋	60%
9cm 高跟鞋	82%

让女生穿着不同高度的鞋子，假装手套掉在地上。

鞋子高度	愿意提供帮助的男生比例
平底鞋	62%
5cm 低跟鞋	78%
9cm 高跟鞋	93%

女生

还是上面那个实验

让女生穿着不同高度的鞋子，在路上拉女生填调查问卷。

让女生穿着不同高度的鞋子，假装手套掉在地上。

鞋子高度	答应填问卷的女生比例
平底鞋	30%
5cm 低跟鞋	30%
9cm 高跟鞋	30%

鞋子高度	愿意提供帮助的女生比例
平底鞋	50%
5cm 低跟鞋	50%
9cm 高跟鞋	50%

❻

男生

穿着性感的女孩子，会更吸引男生注意。

女生

但根据麦克马斯特大学的研究，如果穿得太性感，会引起其他女生的敌意。

根据研究，性吸引力越高，越容易成为同龄女生背地里说坏话的对象，但这个现象只在年轻女孩子当中比较明显。

~~好的，我说完了，请各位女生感受一下自己。~~

怎么，你在暗示我衣服跟我头发颜色不搭？

你的意思是，我不性感吗？？？

女生更喜欢什么样的男生

这个问题，是大毛问的。

> 这还用说，当然是喜欢长得帅的。

> 我觉得可能更喜欢温柔体贴的吧。

> 你们想啥呢？肯定是喜欢聪明又学习好的啊！

> 嗯？所以我应该朝哪个方向努力呢？

嗯，不过这种事情我们几个男生说的也不算，还是要听女生的建议。

~~所以我去问了，学姐学妹等一众女生，为此还付出了金钱的代价。~~

然后总结了这么几点，供你们参考。

女生更喜欢表情自信的男生。

腿长<1/2身高	腿长=1/2身高	腿长>1/2身高
❌	✅	❌

美国科学家做过一组实验，他们收集了大约 9000 个男生的身体比例数据，并且建立了模型图。

把模型的胳膊和腿进行了能屈能伸的 PS 大法，不同程度地拉长或缩短。

然后请 800 名女生对模型进行观察并排名，结果显示，女生并不在意男生手臂的长短，她们会比较关心腿长，并且最喜欢**腿长占身高一半**的男生。

研究人员解释说，因为腿在进化过程中，代表了男生的**身体情况**，而从进化生物学的角度来看，身体状况影响了繁衍后代的能力。换句话说，腿的长度约等于繁衍的能力。

> 嗯，这个腿长正好，说明身体一定好。

> 适合我家闺女。

美国心理学会期刊《情绪》上有一篇研究说，相比于阳光男孩，女生会更偏向于那些表情傲慢自大的男生。这篇研究的作者之一 Alec Beall 是这么说的。

~~我们只是在说，对异性的吸引力，没有说要长期在一起的意思。~~

不过同时，他认为傲慢的表情会显得男生的生理特征更加优秀。

> 渣哥，快教教我！

也就是说，就算男生肩膀也不宽，肌肉也没有，还可以在表情上装作很傲慢的样子。

女生觉得处在暧昧期的男生更有吸引力！

喜欢程度：？%

喜欢程度：100%

《心理科学》上有一篇研究——

她们会喜欢那些也喜欢她们的男生，这符合社会心理学里的"**互惠原则**"。

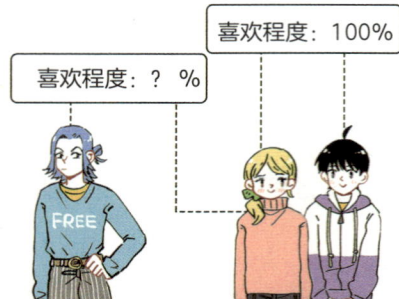

他们找了一群爱聊 Facebook 的女大学生，

Facebook：美国的一个社交网络服务网站

然后让这群女生去看访问过她们 Facebook 的男生的资料，

并随机地告诉女生每个男生对她们的态度（假的，并不是男生真的态度），

最后让女生去评论每个男生的吸引力。

结果显示，影响这群女生评分的因素是"男生对她们的态度"。

> 互惠原则：当我们接受了别人的好意后，内心会产生亏欠感，这种感觉让我们一有机会就会报答对方。

> 是我给的爱太多了吗？

但是——相对于对自己非常好的男生，女生会觉得那些对她们爱搭不理的男生更具魅力。

女生并没有很喜欢男生的肌肉。

《英国心理学杂志》上的一项研究发现，男生会高估自己的肌肉对女生的吸引力。

> 那个男生的肌肉，是不是……有点过了？

首先，科学家找了一批 18~26 岁的靓仔靓女。

然后通过一款软件，让男生先选出自己认为的男生最有吸引力的体型，然后再选出自己猜测女生会喜欢的男生体型。

最后让女生选出自己认为的男生最有吸引力的体型。

通过对比男生的**体脂率**，来判断女生对男生的偏好。

体脂率：指人体内脂肪重量在总体重中所占的比例，反映人体内脂肪含量的多少，通常和肌肉率呈负相关。

举个栗子

实验结果显示，女生喜欢的体脂率要比男生认为的都高一点。

> 你懂我的意思吧，你的大胸肌没啥用。

如果一个男生身高175cm，他认为的女生偏好体脂率是 14.22%，而女生偏好的其实是 14.99%。

要是男女生都只想短期交往一下，那男生认为的偏好体脂率是 13.46%，而女生实际是 14.49%。

女生更喜欢各方面和自己比较像的男生。

> 他好像……还不错的样子。

女生更喜欢各方面和自己比较像的男生，很多研究都表明，女生在选对象的时候，会选择和自己各方面差不多的男生，这种现象叫作"匹配现象"。

美国加州大学洛杉矶分校的 Gregory White 研究发现,那些长得差不多的人,会更加容易成为朋友。

女生更喜欢闻起来好闻的男生!

你的味道,我喜欢!

2014 年 *PLOS ONE* 杂志上有一篇研究,大致是说,女生的嗅觉天生就比男生的更加**敏锐**。

所以男生身上如果有好闻的**体味**,会更加受到女生的喜欢。这个体味就比较难把握了。

有的女生会觉得男生身上有点香水味很有魅力。

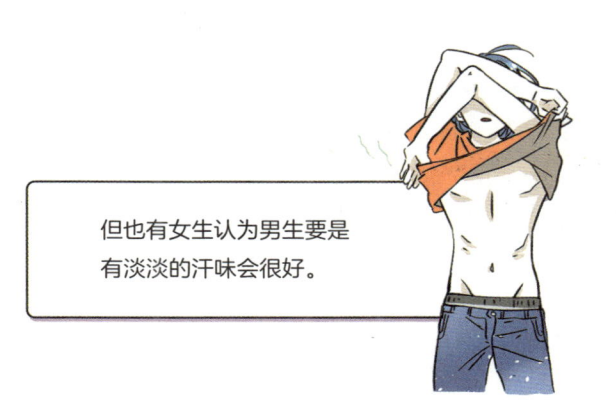

但也有女生认为男生要是有淡淡的汗味会很好。

总之，就要看女生更喜欢哪一种了。不过我可以肯定的是：

一身汗臭味肯定是不会有人喜欢的。

怎样花式夸一个女生好看

有读者说：

> 怎样花式夸女生好看？

男生？也不能排除是女生。

注意了，想引起女生注意，从下面几点着手开始夸。

局部容貌

> 手如柔荑，肤如凝脂，领如蝤蛴，齿如瓠犀，螓首蛾眉……
> ——《诗经·卫风·硕人》
>
> 翻译：
> 手指白嫩像白茅的新芽，皮肤细润像凝结的脂膏，脖子洁白修长像天牛幼虫，牙齿光洁整齐像瓠瓜白子，额头宽阔丰满像螓，眉毛弯曲细长像蚕蛾触须。

你看明白了吧，不是笼统地夸，要夸就要夸到**局部**，夸到**细节**。

你夸女孩子皮肤白、脸好看，她没啥感觉的，尤其是非常漂亮的女孩子，从小到大都听腻了，有时候还有**相反效果**。

> 难道在暗示我，身材不好？

你们看这段流传很广的夸美女典范，人家是写了整体，但是最后还不是落在眼睛一点上去了。

> 你眼睛是不是桃花眼？笑起来也太好看了吧。

> 我只记得初次见你，
> 你像一束古老温暖的光，
> 脸白，
> 手软，
> 腿长，
> 普天下所有的水，
> 都在你眼波里荡漾。

> 啊，我之前就只听说过桃花眼，真有女孩子有啊。

我跟你们说，每个女孩子，都会对自己某一两个局部尤其满意。

但是很少有人能关注到，更别说夸出口了，你要夸到了她一直很得意的某个局部，那恭喜你。

穿着打扮

> 终于有人发现老娘是桃花眼了。

足下蹑丝履，头上玳瑁光。腰若流纨素，耳著明月珰。
——《孔雀东南飞》

翻译：
她脚下穿着丝鞋，头上戴着闪闪发光的玳瑁首饰，腰上束着白绢子，光彩像水波一样流动，耳朵上戴着用明月珠做的耳坠。

你对别人夸某个女孩子好看的时候，

~~众所周知，小姐姐听到别人说你在背后夸她好看，还夸得很好，好感度是可以翻倍的。~~

可以完全不夸那个女孩子长啥样，只描述她的**穿着打扮**，

尤其是你能看出来，她**用心的地方**。

> 你看见那个女生了吗？

> 头上随便插个簪子，怎么都那么好看啊，绝了。

随便：虽然你知道她可能是用心设计来着，但是你强调一下"随便"，给人一种**那个女生天生丽质，怎么打扮都很好看的感觉。**

独特气质

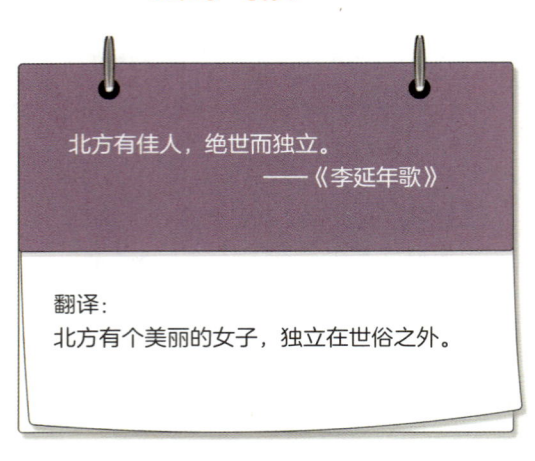

> 北方有佳人，绝世而独立。
> ——《李延年歌》

翻译：
北方有个美丽的女子，独立在世俗之外。

西汉音乐家李延年，凭这首歌引起了皇帝的注意（对他妹妹的注意），把自己妹妹送进了宫。这个开头就很妙，先告诉所有人，这个妹子，她又仙又孤傲。

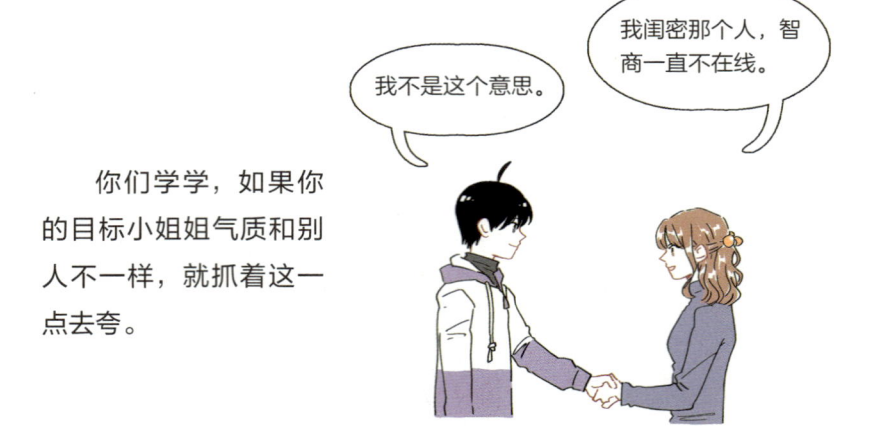

你们学学，如果你的目标小姐姐气质和别人不一样，就抓着这一点去夸。

我不是这个意思。

我闺密那个人，智商一直不在线。

周围人的反应

> 行者见罗敷，下担捋髭须。少年见罗敷，脱帽著帩头。耕者忘其犁，锄者忘其锄。
> ——《陌上桑》

翻译：
（罗敷走过的时候），走路的人看见她，放下担子捋胡子。年轻人看见她，脱下帽子整理头巾，耕地的人忘记了自己在犁地，锄地的人忘记了自己在锄地。

我朋友上台，自我介绍的时候，

整个教室都突然安静了。

不知道你从这篇著名的古诗里学到了什么，但是它夸人的思路真的值得借鉴。我们也可以学着说说，某某出场的时候，**周围人的反应**。

追求者的实际情况

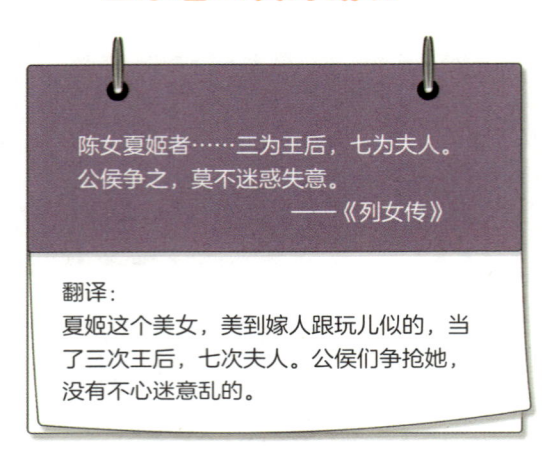

> 陈女夏姬者……三为王后,七为夫人。公侯争之,莫不迷惑失意。
> ——《列女传》

翻译:
夏姬这个美女,美到嫁人跟玩儿似的,当了三次王后,七次夫人。公侯们争抢她,没有不心迷意乱的。

其实这还是一个侧面的描述,不直接说她本身有多美,**只说喜欢她的人很多**。她老被人追,而且喜欢她的人**还都很厉害**,最**起码很好看**。这个方法非常之委婉,所以我觉得,你们甚至可以用来**夸自己好看**。

> 我永远忘不了某个下午,我们班班草哭着追了我两条街。

? ? ?

直接对比

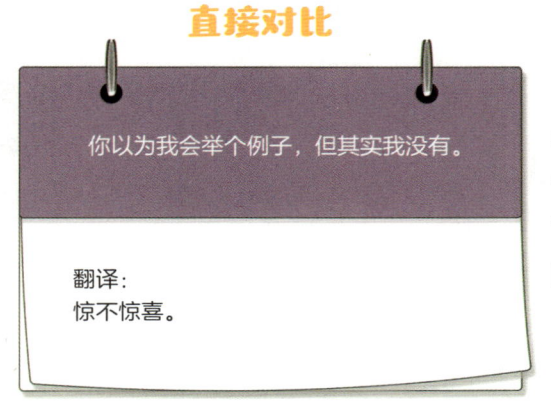

> 你以为我会举个例子,但其实我没有。
>
> 翻译:
> 惊不惊喜。

这个有点多,就是古人夸美女的时候,会说她比那谁谁谁都好看,杨贵妃啊,西施啊啥的。

不过其实都没给人留下深刻印象就是了,因为大家又不知道杨贵妃究竟长啥样。

但是方法你们可以用的,拿你要夸的小姐姐**和一个大家很熟悉的人比**,就可以了。

> 我好歹也是个美女,没人反对吧。

> 跟隔壁那妹子比,咱就跟长着玩儿一样。

> 谁敢反对啊……

好的,我说完了,别问我为啥这么懂夸女孩子,可能因为我是学霸吧。

好奇篇
4

被男生捐出去的"小蝌蚪"都去哪儿了

要不……我们这次，算了？回去吧。

嗯嗯，算了吧，下次再来。

嗨，不要走！

嗒嗒嗒

> 你们是不是来捐精的啊?

> 第一次来是吗?没事,多来两次就熟悉啦。

XX市人类精子库

> 来来来,二位这边请。

捐精这件事,别看听上去挺羞耻,好像是什么见不得人的事,但其实,它对人类的进步事业,非常重要。

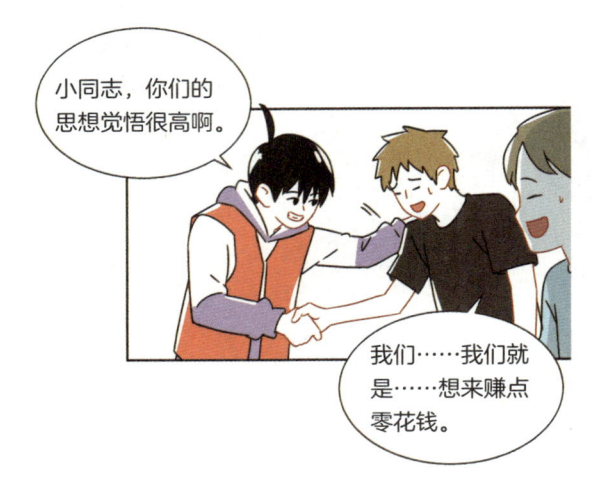

> 小同志,你们的思想觉悟很高啊。

> 我们……我们就是……想来赚点零花钱。

男生捐精全过程

虽然大家好像都知道，捐精多多少少能有一些补贴，但并不是所有人都有资格去捐精的。

过来填一下报名登记表。

有的甚至连报名都报不上。

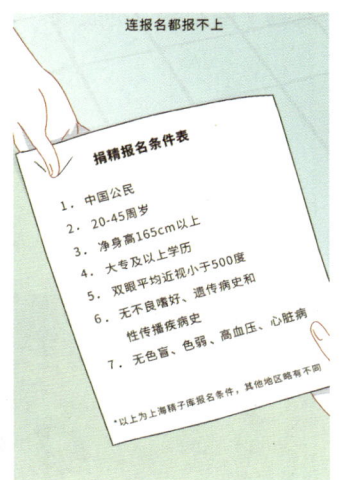

捐精报名条件表

1. 中国公民
2. 20-45周岁
3. 净身高165cm以上
4. 大专及以上学历
5. 双眼平均近视小于500度
6. 无不良嗜好、遗传病史和性传播疾病史
7. 无色盲、色弱、高血压、心脏病

*以上为上海精子库报名条件，其他地区略有不同

哦，还有件事，那啥……你们上周……没有偷偷手握法吧？

没有！没有！我们都准备好了！

符合条件的，需要签订"知情同意书"，完成一系列的体检项目。

精液分析
致病菌检测
常规男科检查
乙肝二对半
染色体检查
HIV抗体
RPR（梅毒）

里面请！

取精室

之后，你就会拿着一个小杯子，被安排进一间神秘而又刺激的房间。

直到你成功地在杯子里留下自己努力的痕迹。

然后需要带着待检测的"小蝌蚪"去化验室，接受工作人员的检查。

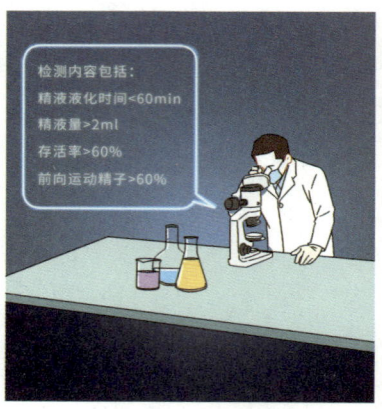

你在里面干啥呢，我都在外面等你老半天了。

我……我紧张。

检测内容包括：
精液液化时间<60min
精液量>2ml
存活率>60%
前向运动精子>60%

根据哈德萨－希伯来大学一项长达40年的研究，从1973年到2011年，男性平均精子数量下降了52.4%，

~~所以，~~
~~很多男生到了这一关，~~
~~就会被无情淘汰。~~

不过，就算你的小蝌蚪不合格，精子库也会给你一笔补偿，安慰你受伤的心灵。

不要难过，这是 50 块钱打车费。

我觉得这笔钱抚慰不了他受伤的心灵。

正常人，差不多来个 6~8 次就行了吧。

感觉自己被掏空。

而如果检测合格，捐精才算正式开始。

一般来说，要在半年时间内，提供 20ml 的小蝌蚪量。

等到快结束的时候，还要再进行一次 HIV 检测。

而小蝌蚪们，会被保存在-196℃的液氮里，前往需要它们的地方。

> 霸霸，等过了这阵子我再来！

> 兄弟，悠着点，这钱一辈子只能挣一次。

有些被选上的小蝌蚪，会作为研究样本，用于各种药品、医疗的实验中。

还有一些会飞往全国各地，帮助那些无法生育的家庭。

而且为了避免近亲问题，每份精子样本最多只能提供给五个相隔很远的家庭。

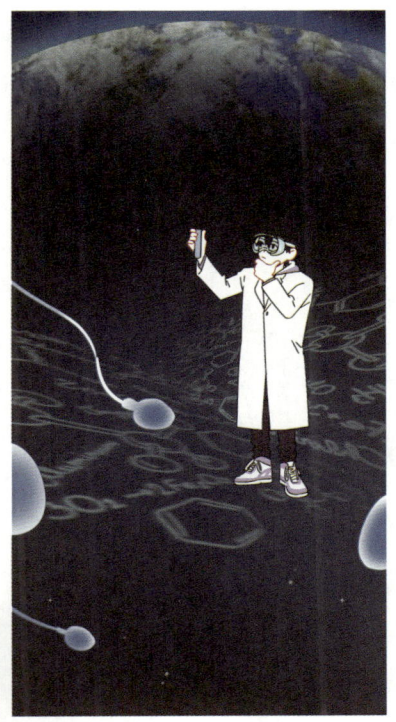

最后，再跟你们多说一句，根据某省精子库的数据，截止到 2019 年底，报名参与的志愿者有 5370 人，但合格的只有 957 人，合格率只有 17.8%。

虽然各地精子库库存也不是很多,但我们还是一直秉承着自愿的原则……

绝对没有强迫的意思。

那些女生不知道的男生的小秘密

看来你们对男生的事情，很好奇啊，那学霸只能冒着被打的危险，偷偷给你们讲讲。

1

男生走路，走着走着，突然屁股撅起来了，或者腰弯下去了，那是他的丁丁充血了。

2

走着走着，突然把手伸到口袋里，一般来说是在调整丁丁的位置。

3

很多男生上完厕所不洗手，如果洗了手，多半是尿到手上了。

4

很多男生回家第一件事，是脱到只剩内裤。

5

男生走着走着会突然做出投篮的动作，别问为什么，他们自己也不知道。

跳起！

6

对他们来说,游戏真的更好玩。

7

如果有妹子瞟了自己,男生内心是这样的。

喜欢我?
我好厉害。

8

看到自己的兄弟有了新的兄弟,会有种失恋的感觉。

9

看到女生脖子后面的结，都会有解开的冲动。

10

第一眼看女生都看哪里？哪里露了看哪里。

11

多数男生都喜欢过自己的同桌。

那些男生不知道的女生的小秘密

1
女生把衣服绑在腰上，不一定是耍酷，可能是月经弄到裤子上了。

2
女生走着走着，手突然伸进衣服里肩膀的位置，又很快拿出来，其实是为了拉掉下的肩带。

假装没事。

3

大部分女生梳妆打扮，其实是为了自己开心，和讨好男生没有关系。

> 自己开心就好。

4

女生睡觉的时候头发不是这样的。

> 头发整齐
> 从容优雅

而是这样的。

这样的。

5

如果你请一个很喜欢喝冷饮的女生喝冷饮,她死活不喝,别问,一定是到了月经期。

> 看我脸色,别劝了。

6

女生的月经是憋不住的,也是憋不回去的。

> 大姨妈?憋回去啊。

> 憋回去?

7

很多妹子冬天的时候,会懒得穿内衣,反正衣服厚没有人能发现。

> 嘻嘻。

8

胸越大胸罩越薄，胸越小胸罩越厚。

> 有些妹子脱下胸罩就平了。

> ……

9

一个常常披头发的妹子，突然间把头发扎起来或者戴帽子，90% 的可能是因为没洗头。

> 就这样出门吧，晚上再洗。

反正出门见的不是什么重要的人，或者见的人太熟了，没必要洗。

10

女生小便也要用纸，不是拿纸就要上大号。

> 不过你可以根据拿纸的多少判断她们是大号还是小号。

11 几乎所有女生都摸过闺密的胸。

哟哟哟,发育不错嘛。

走开啊!

12 懒得洗头的时候,女生出门可能只洗刘海。

其他头发就扎起来。

13 如果一个女生走在街上,脚突然在地上一蹭一蹭,脚步超级不自然,可能是因为船袜掉了,她企图把船袜蹭回原位。

蹭

蹭

14 如果她蹭着蹭着,脚步又正常了,不一定是袜子蹭回去了,而是袜子掉到了脚中间,没救了。

没救了。

有人表面看起来风风光光,实际上船袜都滑到了脚中间。

15

大部分女生看到这些小秘密，会会心一笑，然后分享给自己的闺密看，而男生会分享给自己的女朋友……

> 真的假的？你见我会只洗刘海吗？

> 瞎说，我见你连刘海都不洗。

为啥女孩子身体都是凉凉软软香香的

你们能看到这么绅士的标题，那要感谢渣哥。

"老三，你说为啥女孩子都是凉凉的、软软的、香香的？"

"你问我这个问题，不大好吧……"

"我没有讽刺你单身的意思，"

"就是，女孩子的手，你总拉过吧？"

"……"

"我觉得，老三可能在回忆他小学放学，"

"男女同学手拉手，排队的经历……"

开玩笑，我怎么可能没拉过女孩子的手，即使没有拉过，我就不配解释这个问题了吗？

配啊！

为啥女孩子身体都是凉凉软软香香的啊？

这个问题，其实包含三点，我们分开来解释。

1 凉

错误示范

为啥？

替我拿着可乐。

打完球我想喝口冰可乐。

大概就是夏天的时候，让人觉得比较舒适的那种一点点凉。

《柳叶刀》的研究显示，虽然女生的体核温度大概比男生高 0.22℃，

体核温度指机体深部，包括心、肺、脑和腹部器官的温度。

但她们身体的表面温度，也就是你们平时能触摸到的温度，是要比男生大概低 1.56℃的。

你手好凉啊，我给你暖暖吧。

这个解释起来也简单，由于一些先天和后天的原因，女生四肢肌肉的**血液供应**是没有男生那么充足的。

都懂都懂，也就凉 1.56℃吧。

没有那么多血液输送热量，女孩子的身体表面，尤其是手脚，自然就比较凉了。

所以说起来，要从根本上解决手脚冰凉的问题，那还是得靠锻炼，因为这样可以增加血液供应。

你手好凉啊，我给你暖暖吧。

渣哥！别整这些没用的！凉就跟我跑起来啊！

学长！

你不要过来啊！我会被冻到的！

对了，冬天的时候，女孩子的手脚会更凉点，男生们注意保护好自己，不要被她们的手碰到。

这事儿吧，
和身体的**保护机制**有关系。

我们身体感到冷的时候会先安排暖和的血液往内脏去，让心脏这些重要器官保持温暖。

这样安排的结果就是四肢得到的血液会比较少，自然就凉了。

至于女生，会对温度变化更敏感，所以她们的反应更大一些。

就是说，稍微有点冷的时候，男生的身体还**不是很着急**，所以四肢凉得也不是那么快。

不急，多大点事。

你们几个去保护着点心脏。

血液

剩下的该干啥干啥。

女生身体已经开始非常激动地 安排上了

完了完了，要冻死了！先保护心脏！

血液

全去保护心脏！不要管手和脚了！

己 软

和男生相比，女生整体上会比较柔软。男生可以趁女生**心情好**的时候，到处戳戳看。

大胆！想偷袭爸爸吗？

心情不好就……算了。

这个事情其实也简单，主要是因为女孩子身体的**脂肪含量比较高**。

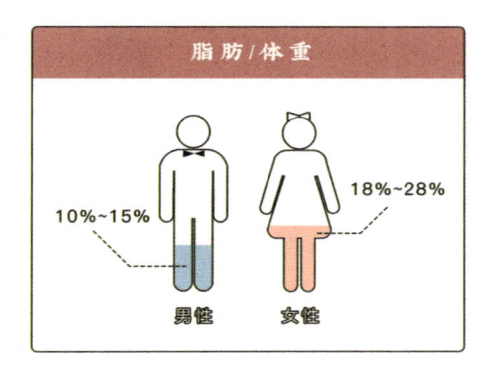

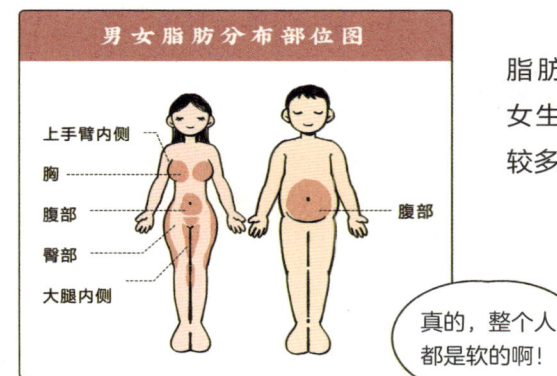

脂肪/体重

10%~15%　　18%~28%

男性　　女性

男女脂肪分布部位图

上手臂内侧
胸
腹部
臀部
大腿内侧

腹部

而且吧，男女生的脂肪分布也不大一样，女生脂肪分布的部位比较多。

真的，整个人都是软的啊！

这就造成女生的身体到处都能摸到软软的脂肪。

是的！

3 香

我觉得要讨论这一点，首先得和广大单身男介绍一下，女生的香大概是哪种香，这事有一家日本公司研究过。

> 当然，不可能是这种。

> 是的，这玩意儿也是有绅士研究的。

他们发现，女孩子身上的甜美味道，主要来自**内酯 C10 和 C11**。

对应味道

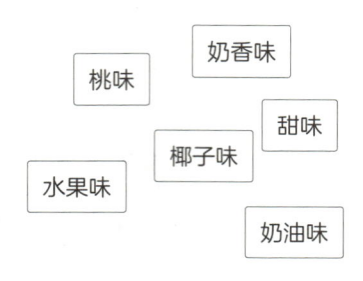

奶香味

桃味

甜味

椰子味

水果味

奶油味

也就是说，一般我们说的，

"女孩子身上的香味"

大概是一些食物的味道。

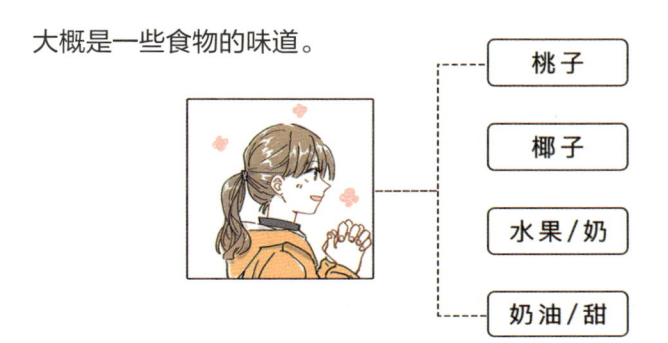

- 桃子
- 椰子
- 水果/奶
- 奶油/甜

这种香味是怎么来的呢?

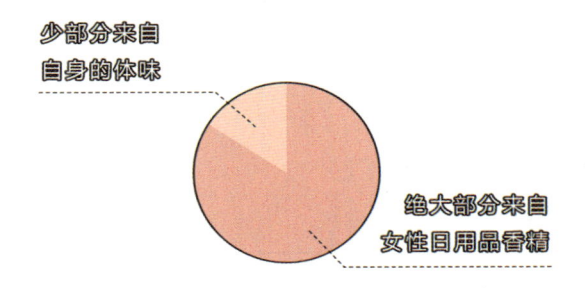

少部分来自自身的体味

绝大部分来自女性日用品香精

体味

体味这事儿吧,就比较先天了,是很难改变的。

体味由体内新陈代谢特定菌群的共同作用所产生,通过皮肤分泌出来的汗液和皮脂以及脱落的表皮微粒散发到空气中。

日用品

日用品就是女孩子们通过后天努力，给自己加的戏。

你们这么想啊，

女孩子一般洗衣洗澡擦护肤品都比男生次数多。

而且她们用的那些东西很多都比男生的要香。

那这么积累下来，女孩子身上能不香吗？

不过要具体问某个女生身上的香味是来自哪种日用品，我们只能看哪个嫌疑比较大了。

日用品嫌疑程度留香时间

洗衣液 > 沐浴露&洗发膏&香皂 > 护肤品

当然，也不排除一些奇怪的来源，毕竟女孩子很多东西都是香的。

好尴尬啊！我得说点什么……

对啊对啊！女孩子用的圆珠笔，有些写出字来也是有香味的。

奇奇怪怪的女生数据……增加了

阿三,你粉丝托我问你件事。

嗯?

你这啥条件反射?

没张嘴呼吸,渣哥的火锅还没……

不是这个,女生数据啥时候写?

哦?这个啊。

女生的私密数据

1 数据显示,中国 59% 的女生是 B 罩杯

A罩杯占比 **19%**

A罩杯
其他罩杯
B罩杯

B罩杯占比 **59%**

虽然有些男/女生会觉得,自己周围怎么全是小胸妹子,但 A 罩杯其实只占 **19%**。

* 来源:谷歌 targetmap 京东淘宝罩杯大数据

哦,而且如果按区域来分,四川妹子里H杯是最多的。

你看着我干吗??

2 在我国 7 ~ 21 岁的青少年中，女生的大腿平均要比男生的粗 10 ~ 20mm

* 来源：唐元升《人体医学参数与概念》

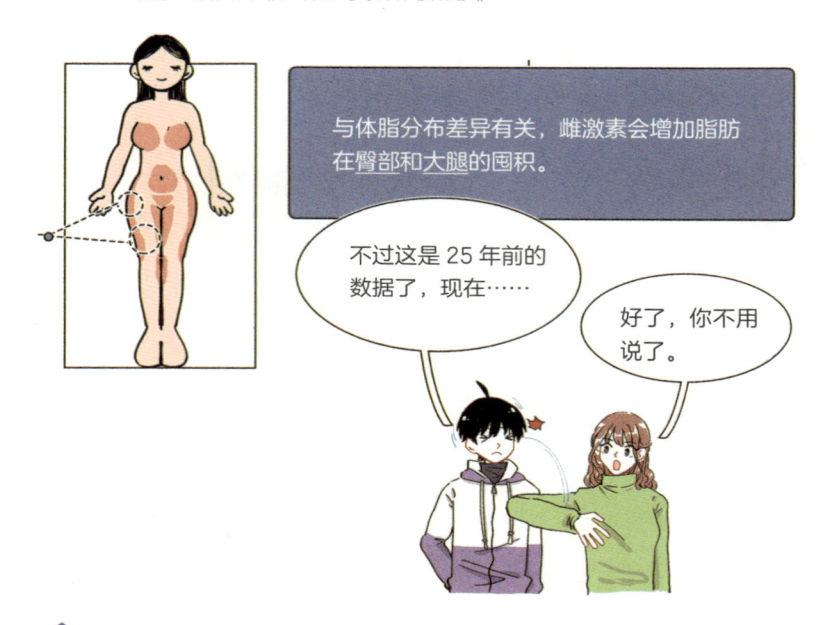

与体脂分布差异有关，雌激素会增加脂肪在臀部和大腿的围积。

不过这是 25 年前的数据了，现在……

好了，你不用说了。

3 女生说"拧不开瓶盖"，那是正常的

因为 50% 的女生

扭力矩都 小于 1.32N·m

指的是在外力扭动下所承受的力矩。

但拧开大部分饮料瓶盖需要的力矩**都大于这个值**。

表4 瓶盖力矩的保持情况
Tab.4 The holding of torque moment of thread cap

品牌	瓶盖规格/mm	拧紧力矩/(N·m)	松开力矩/(N·m)	力矩保持率/%	保持时间/周
统一	28	1.25	1.09	87.2	6
			1.21	96.8	2
可口可乐	28	1.69	1.09	64.5	5
			1.31	77.5	2
农夫山泉	28	1.47	1.15	78.3	10
			1.23	83.7	3
美汁源粒粒橙	28	1.69	1.39	82.2	9
			1.43	84.7	1
乐百氏脉动	38	1.58	1.42	89.9	6
			1.51	95.6	5

甚至有 22% 的女生，拧不开市面上大多数的瓶盖。

* 来源：王北海《成年女性螺纹瓶盖开启能力研究》

这真不是我们的问题。

❹ 根据胡润数据，2020年排名前十的女性中，有9位来自中国

排名	排名变化	姓名	财富（亿元）	财富变化(%)	公司	年龄	居住国	居住城市
1	10	钟慧娟	1060	319%	翰森制药	59	中国	连云港
2	-1	吴亚军	990	44%	龙湖	56	中国	北京
3	11	周群飞	660	176%	蓝思科技	50	中国	长沙
4	16	王来春	580	207%	立讯精密	53	中国	深圳
5	-3	戴安·亨德里克斯	570	9%	ABC供应	73	美国	阿夫顿
6	29	曾芳勤	530	300%	领益智造	55	中国	深圳
7	4	范红卫	530	95%	恒力	53	中国	苏州
8	-4	陈丽华	530	1%	富华	79	中国	北京
9	7	鲁忠芳	500	118%	中公教育	78	中国	北京
10	-4	张茵	450	20%	玖龙纸业	63	中国	东莞

前50名里面，甚至60%都是中国女性。

* 来源：2020胡润全球白手起家女富豪榜

5 王者峡谷里，有 54.1% 的玩家都是女生

而且她们最常玩的位置不是辅助，而是**法师**。

* 来源：企鹅智酷《王者荣耀深度调研报告》

| 法师 | 射手 | 辅助 |

6 根据调查，25.57% 的女生一直到大四，都没有谈过恋爱

到研三没谈过恋爱的女生依旧占 11.05%。

但谈过恋爱的女生，初恋平均在 16 ~ 17 岁。

> 仔细想想，还挺美好的，你们说是吧？

从没尝过爱情的苦……

> 是……是……吧！

7 2019年，中国19岁女生的平均身高已经达到163.5cm

是东亚第一！

帝国理工学院《200个国家和地区1985年至2019年学龄儿童和青少年的身高和体重指数轨迹：对2181项基于6500万参与者的研究汇总分析》

> 我也没多骄傲啊！

8 虽然秃头的男生更多一点，但是妹子也不少

根据数据显示

我国脱发女性达到了7000万。

大多数是21~25岁上大学或者刚工作的女生。

* 来源：中国健康促进与教育协会《中国脱发人群调查2019》

它们已经散落 被风吹 在天涯

9 女生每次月经出血量,大概是 60ml

比 19L 的大桶矿泉水还多一点。

按照 30 年来算

女生一辈子月经出血量约等于

60ml × 12 × 30 = **21.6L**

10 78.1% 的女生都有过那啥的幻想

这点秘密都让你说了,看来是留不得你了。

而且都蛮敢想的,就是你懂吧,突破了地点和人物的那种。

* 来源:谷雨数据《2020 年轻人性与爱调查报告》

男女生的胡子都会越刮越粗吗

最近有粉丝问：

> 学霸学霸，

> 为什么我男朋友不长胡子啊？

> 他是不是哪里有问题？

说起来，你们老这么关心胡子干吗？

> 学霸，为什么我17了还不长胡子？就因为我是女生吗？

> 霸霸霸霸！刮胡子真的会变粗变多吗？

> 学霸，求求你了，讲讲胡子吧，好想长胡子。

那能怎么办呢，当然是满足你们啊。

关于胡子的那些事儿

1 为什么有些男生不长胡子？

一般来说，男生到了青春期，体内的**雄性激素**会增多。雄性激素中有一种叫作**睾丸酮**的，专门负责胡子的生长。

> 睾丸酮：具有维持肌肉强度及质量，维持骨质密度及强度，提神及提升体能等作用。

具体来讲，脸上的**毛囊受体**会跟它结合，然后吸收血管中的养分，等吸收够了就钻出毛囊，成为一根合格的胡子。不过，没有胡子的男生，也不用担心是不是自己的睾丸酮太少。

实际上，发育完全后的男生体内的睾丸酮都是差不多的。

你不长胡子，也可能是毛囊受体的原因，有些人的毛囊天生就对睾丸酮**不敏感**的。

另外，因为**遗传**的影响，每个人长胡子的年龄都是不一样的。有些人可能青春期胡子就长得很快了，但也有人从 20 多岁才开始长胡子，所以不要太紧张，**多等等**就行了。

不过要注意，每个人生下来毛囊的数量是一定的，所以，如果平时老不洗脸，脏东西就会把毛孔**堵住**，你的胡子连待的地方都没有了，还怎么长得出来。

② 胡子真的会越刮越粗吗？

说到胡子，这应该是最常见的问题了，爸妈老用这个理由阻止我们刮胡子。胡子**并不会**越刮越粗。

胡子看上去变粗了，是因为刮完胡子后，新长出来的胡子比较**靠近毛囊**，本来就比尖端要**粗一点**，就像下面这样的。

毛发梢很细

让我们误以为，是刮了胡子才变粗的，其实**压根儿就没变化**，所以男生们，没啥好担心的。

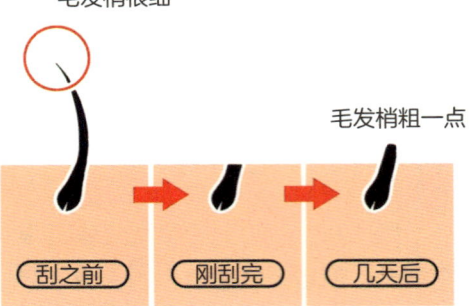

刮之前 → 刚刮完 → 几天后

毛发梢粗一点

想刮就刮了吧。

哦！对了，女生有胡子也不要慌，毕竟你们也是有雄激素的，想刮的话也没啥问题。

不过如果太粗，那可能是因为**激素失调**了，雄性激素分泌过多，需要注意一下。

……

3 胡子是其他颜色,一定是营养不良吗?

如果他的胡子本来是黑的,最近变红了,那有可能是最近**没睡好**或者**没吃好**,放过他也就罢了。但如果一直都是红的,这就和营不营养的没啥关系了。

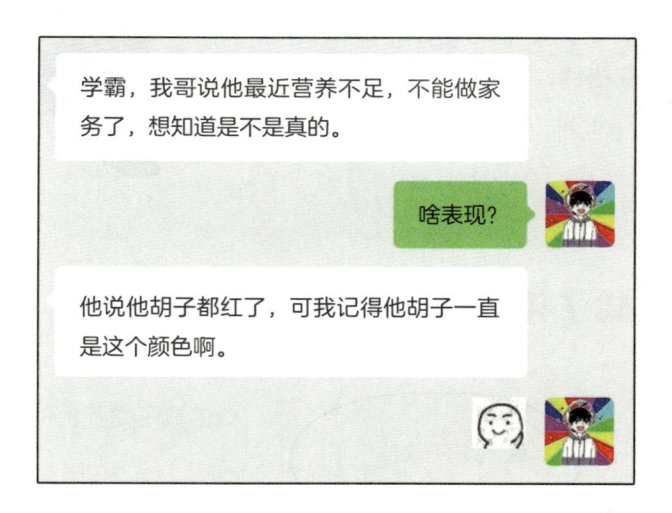

> 学霸,我哥说他最近营养不足,不能做家务了,想知道是不是真的。

> 啥表现?

> 他说他胡子都红了,可我记得他胡子一直是这个颜色啊。

MC1R 基因是皮肤合成黑色素的关键基因,变异的话会让胡子变红变黄,或者让头发变红。

你们偷懒不能想个好点的借口吗,不会我教你们呀。

红胡子是因为一种叫作 MC1R 的基因发生了突变。

> 我错了,我下次一定找个好点的借口。

这种情况下,是不会影响到健康的。所以,偷懒可以,**学霸也一直懒的**,但理由一定要慎用,不然的话……

4 胡子浓密,性功能一定强吗?

这真不是我们的问题。

> 这个真不一定。

胡子多只能说明,体内有正常的激素含量,并且毛囊受体对激素是敏感的,和性能力**没啥关系**,你们别想太多了。

长胡子除了看上去更有男人味外,其实什么用都没有,而且会被嫌弃。

考试一紧张就想上厕所怎么办

不知道你们有没有这种体验，一紧张就特别想上厕所，还是特别着急不能等的那种，分分秒秒都在考验括约肌。

肯定有一些同学在紧张的时候反应都巨强烈，心跳加速，小手发抖都是轻的，严重的还想吐，甚至紧张到晕过去，这种情况也不是没有。

> 想上厕所会不会是吃太多，消化不良呢？

> 我紧张的时候就会心跳加速。

> 就是传说中的小鹿乱撞吗？

> 搞不好是心动呢。

> ……

虽然大毛说得也很有道理，但是今天的主题是紧张，别的原因咱先不谈了。

先正儿八经科普一下，关于紧张带来的应激反应那些事儿。话不多说，直接进入正题。

为啥一紧张会有那么多应激反应？

1 交感神经

其实吧，基本上人紧张的时候大部分的应激反应都是交感神经的锅。可能你们不太知道，**交感神经**是个啥，其实它跟肾上腺素功能差不多。

交感神经功能：让心跳加快，减少肠胃活动、促进排汗，扩张支气管等。

还有个副**交感神经**，跟交感神经差不多，是相反的功能，平时这俩相互制约，你不惹我我也不惹你，以保持我们身体机能的平衡。

冒汗

呼吸急促

心跳加快

但人在应激状态下，交感神经就会特别兴奋，而且肾上腺素会飙升，交感神经的功能就会迅速产生效果。

没想到吧，在你紧张得要死，最需要冷静的时候，你全身上下的器官都在跟你**对着干**。

其实交感神经的本意是好的，就是把更多血液输送到**四肢和心脏**，让你的身体做好面对**外来威胁**的准备。

> 这是生物亿万年来形成的一种应对危机的机制，即"或战或逃反应（Fight or flight response）"。

听这字面意思就知道，你的交感神经认为，这时候需要提升你的实际战斗力，让你要么**打一架**，要么**赶紧跑**。

可是现代人大多时候哪用得到这个，毕竟考试的时候打一架或者跑，好像都不太合适。

己 杏仁核

交感神经还有个共犯，就是大脑中的**"杏仁核"**，这货平时挺低调的，但是遇到压力特别大的情况，它就特活跃。

你说活跃就活跃吧，它还会限制整个大脑皮层的功能，尤其是削弱一些**高级功能**。

> 要是一直抖，那可能不是紧张。

> 可能是帕金森，你们要小心了。

也就是，记忆力、理解力、情绪啥的，懂我意思吧，这绝对是成为学霸路上的**拦路虎**。

所以你们要加油，追上我的脚步还是挺困难的，而紧张发抖也是因为神经系统**过于兴奋**，以至于影响了小脑对身体的控制。

一紧张就想上厕所，也是交感神经的原因吗？

这个吧，虽然交感神经有影响，但真不能全怪它。虽然听起来有点不幸，但这确实是一种病——**"肠易激综合征"**。

其实就是平时啥都往胃里送，把肠胃糟蹋坏了，一般有这情况的人，肠胃平时也不太好。而且，好吃的东西一般不是**含糖量高就是特刺激**，你不得病谁得病。

当你紧张到脚趾抓紧，都能在地上抠出个故宫的时候，**交感神经**就会让你的内分泌发生变化。

然后给本来就岌岌可危的肠道搭上最后一根一泻千里的稻草。

> 所以大毛说的，吃太多消化不良，也不是没有道理……

> 因为根源上还是肠胃不好。

你们要是这种情况特别明显,建议还是看医生去吧。什么?你说想上厕所只是想尿尿?啊,那倒可能是交感神经的错。

由于交感神经兴奋,刺激到了支配排尿的神经系统,你的膀胱就有点**失控**。简单来说就是,**吓尿了**。

如何缓解紧张情绪?

1 深呼吸

肯定有粉丝说,

> 深呼吸没啥效果,该紧张还是紧张。

> 会缺氧的知道不?

> 小脸儿惨白,还发晕,就是这么来的。

但这其实是**很有必要**的,紧张的时候,很多人会让自己强装镇定,控制自己本来变得急促的呼吸,其实心率都快奔 200 了。

所以这个时候需要做的,就是让自己**均匀、缓慢地深呼吸**。

2 揉揉脸，搓搓腿，搓搓手

> 所以会紧张得搓手是有根据的，
>
> 不是瞎说。

上面也说过，紧张的时候不是血液都跑到四肢，但又没地方发泄吗。

那你可以让自己动起来，揉揉脸，搓搓手，搓搓腿，记得频率稍微快一点。

3 嚼口香糖

嚼口香糖能在一定程度上**转移注意力**，而且也可以通过咀嚼，消耗掉一定**过剩的精力**。

另外，人吃东西的时候，会觉得外界是很安全的状态，嚼口香糖也是一样的。

> 好玩……

4 给自己心理暗示

既然紧张都是来源于心理因素,那最好、最根本的办法,当然是克服自己的内心了。能自己调整好状态当然更好,实在做不到的话,就多一点阿Q精神。

什么"演讲的时候下面就是大白菜""考试自己觉得难,别人也会觉得难"之类的语录,已经说过很多了。

而对于近视的同学,最好的办法就是把**眼镜摘掉**。

5 需要个救星

其实这些做法本质上还是转移注意力，但是可能你自己做不到，所以建议找个救星，聊聊天什么的。要是他们还特别有**幽默感**，你不但不会紧张，还会觉得自己是最厉害的，亲测有奇效。

所以当一个异性特别紧张的时候，你刚好出现在他/她身边，他/她很有可能把自己的紧张归因于对你的心动。这在心理学上叫作**吊桥效应**。

吊桥效应

所以开头大毛说的，紧张的时候心跳加速，可能是小鹿乱撞，也是有道理的……

知道怎么找对象了吧？那当然是跟喜欢的人一起考试，保准你俩都紧张。

保护篇

5

近视手术真的是所有人都能做的吗

> 阿三,你说,为啥都有近视手术了,还这么多人戴眼镜?

> 难道是,手术不行?

> 我觉得戴眼镜挺好看的啊。

> 你那是镜框,你别说话。

虽然有同学会觉得,自己戴着眼镜蛮好看的,比如渣哥这种,但大部分近视的同学,可能都有个**"看清世界"**的梦想,所以我给大家仔细讲一讲,近视手术的事。

近视手术有啥不一样的吗?

近视大家都是知道的,就是"看到的东西"不能刚好落在视网膜上,而是落在视网膜前那么一丢丢。

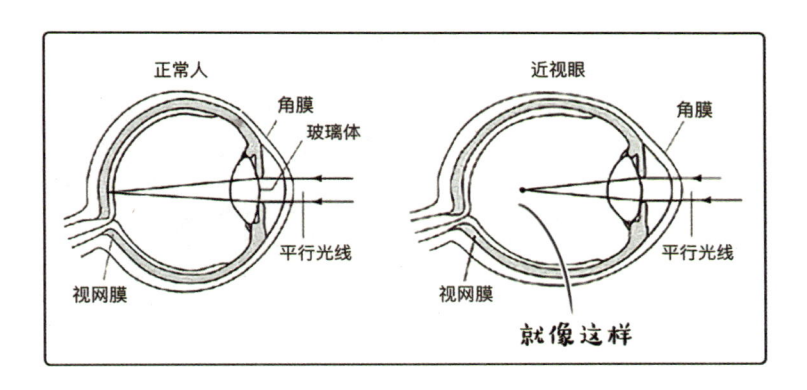

```
正常人                          近视眼
        角膜                            角膜
        玻璃体
                平行光线                  平行光线
视网膜                          视网膜
                                    就像这样
```

所以,近视手术的原理其实就是通过折腾你的角膜,让焦点重新回到视网膜上。

> 你们想想中学物理,就和改变折射角是一个道理。

① 全飞秒手术（SMILE）和半飞秒手术（FS-lasik）

一般来说，如果你的角膜比较厚，医生就会考虑**全飞秒**或者**半飞秒**手术。这两种手术是有区别的。**半飞秒**手术会在角膜表面开个大口子，然后根据你的**度数**、**散光情况**，用激光对着角膜一通**扫射**。结束之后，把掀开的口子盖上就行了。

全飞秒和半飞秒差不多，只不过它是用激光在角膜内部切出一个**凸透镜**，然后再开个小口，把切片给拽出来。

剩下的角膜，就能正好纠正你的近视。

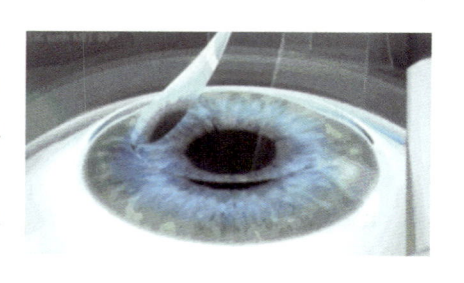

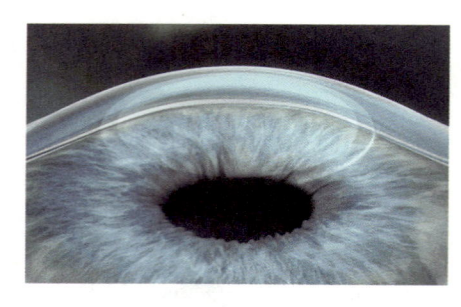

虽然说这两种手术目前都蛮安全的，而且恢复期也比较短，但有个问题是，它俩对近视人群的度数是有要求的。

> 半飞秒手术要求度数不超过1200度，全飞秒手术要求度数不超过1000度，且散光都在600度以下。

而且也有倒霉蛋，术后会有一些副作用，比如出现短暂的**炫光**。

哦！对了，说起来，这两种手术的过程倒是蛮吓人的。

就是你得睁大眼睛，看着手术机器在你眼睛上切来切去。

别说了，我眼睛开始疼了。

2 ICL 晶体植入术

另外有些**高度近视**，1米外就人畜不分的同学，也不是没救了。还有一种近视手术叫**"ICL 晶体植入术"**。

ICL 晶体植入术：适用 1000 ~ 2000 度超高度近视人群，散光度数无限制。

这个手术大概的意思是说，直接在你的角膜里，放一个类似隐形眼镜一样的晶体。

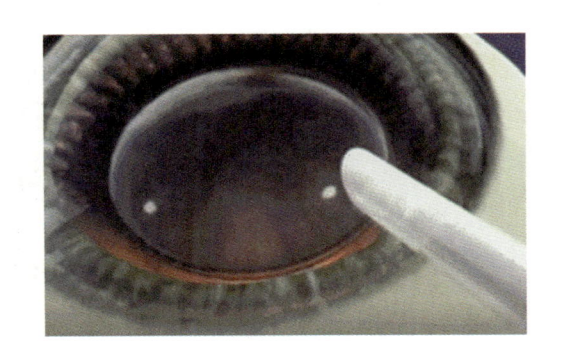

> 谁想朦胧美啊？！

特别适用于角膜比较薄或者度数特别高的同学。而且，万一哪天你**不舒服了**，想朦胧美了，还能随时取出来。

不过话说回来，晶体植入手术也不是完全没有缺点。

第一，植入的晶体毕竟是外来的东西，有可能引起**眼部不适**或者**感染**。第二，因为晶体需要专门定制，所以价格会比其他的近视手术**贵很多**。总之，不管是哪种手术，去正规医院听医生的建议就好。至于做近视手术前有哪些注意点，看下面。

近视手术，有哪些注意事项？

近视大家都是知道的，就是你看到的东西，成像不能刚好落在视网膜上，而是落在视网膜前那么一点点。

1

> 毕竟像渣哥说的,有时候戴眼镜还挺好看。

> 他那是,本来就好看。

除了晶体植入手术外,其他类型的手术是不可逆的。而且因为手术会切割你的角膜,或多或少都会有一定的**风险**,所以,在决定做手术前,一定要**慎重考虑**,自己是不是非要摘掉眼镜。

2

由于近视手术能改善的只是你现在的近视情况,因此要做手术的同学,必须符合以下条件:

1	年龄大于18周岁
2	近视度数基本稳定2年以上

不然很容易做完后,又近视了,就很亏。另外,如果你们爸妈**超过45岁了**,还希望"认清现实"的,倒也没这个必要,因为这个阶段,通过手术矫正近视度数很有可能会提前触发**老花眼**,到时候前脚刚摘下近视眼镜,后脚就把老花眼镜给戴上了。

3

决定手术前，一定要去**正规的医院**，做一次全面的眼睛检查。

有些机构老夸自己，手术专业、价格便宜，而且几人同行还给打折。

> 劝你们保险点，老老实实去医院看一下。

> 完蛋了……
> 这下真的近视了，我不想戴眼镜啊。

虽然手术过程很简单，一般十几分钟就好了，但术前和术后有很多需要注意的，所以，请务必对自己的眼睛好一点。

当然了，你们平时不要老折腾自己的眼睛，不近视，不就啥事都没有了吗？

如何逼疯一个给你打骚扰电话的人

大家经常会遇到
这种情况——

> 霸先生您好,请问您家小朋友的保险上了吗?

怎么说呢,难得出现吧,也就算了,但老有人打骚扰电话过来,真的蛮烦的。

所以,不能再这样下去了,我必须教你们做点什么。

> 他……他妈妈说,不需要,谢谢。

如何逼疯一个给你打骚扰电话的人?

1 杀人诛心法

大部分的骚扰电话都是那种从你一接起电话,就会讲一大堆东西,完全不给你打断的机会。

所以对付这种情况,最好的办法就是**把手机放一边,让他们尽情地讲**。

> 喂,您好,是霸霸,霸先生是吗?我这边是 %#@&,喂,霸先生您在吗?喂?

已接通

当然了，在这个基础上，你还可以充分利用**身边的道具**，比如，把手机紧贴着电扇，或者放在电脑的扬声器旁啥的。

让对方感受到**"另一个世界的喧嚣"**。

等你觉得差不多了，如果对方还没有挂掉，那真的蛮卖力的。

> 哦！不好意思，你可以再说一次吗？

你还可以假装刚才信号不好，让他**再说一次**，直接击溃对方的心理。

乙 直接举报法

如果是同一个号码，经常打给你，

~~那对方心理素质蛮好的，~~

比较实用的办法，就是直接举报，交给有关部门处理。这种方法适用于你掌握了对方的一些信息。

你们可以直接在微信搜**"12321 举报中心"**，或者登录 **12321 的官网**。

进去之后，把要填的空全填上，剩下的就不用管了。

哦，据说可以直接打 **运营商电话投诉**，这个我没有试过，你们也可以做个参考。

③ 自我毁灭法

你们注意下，一般给你们打骚扰电话的公司，都有一套标准的流程。

> 拨打电话　　和你聊天，卖你东西　　填写反馈

这个"**填写反馈**"就特别重要了，理论上来说，这些公司为了提高工作效率，会把一些**无效的号码**从电话库里删除。

所以，如果你平时除了骚扰电话外，基本没人会给你打电话，**那你是真的惨**，也可以直接把手机设置成**空号**。这样，别说骚扰电话了，就算是你妈给你打电话，你都不会有显示。具体操作很简单，直接打下面这个号码就行了。

主号: *21*18000000000#

这样所有打给你的电话，都会被转移到空号上。当然了，如果你想恢复通话功能，输入 #21#，然后按拨号键就可以了。

> 所以就是这样我才老打不通你电话的，是吗？

不出啥意外的话，比如你中途又把信息留在哪里了，过一段时间，就不会有骚扰电话打给你了。

❹ 一键拉黑法

这个我就不多解释了，但凡是以下开头的号码，全部拉进手机的黑名单里。

> 包括 800、400、950、951、952、954、957 等。

这样你的世界就已经清静了一大半。不过要注意一下，大家最好不要因为懒，我觉得你们很有可能做得出来，把 95 开头的号码全部拉黑，像 953、955、956 这种的，属于服务型事业单位的客服号码，有可能是需要接听的。

5 以牙还牙法

遇上骚扰电话，**千万不要浪费**。你们仔细想想，打给你的骚扰电话，无非就是推销各类产品。那没准儿前几天，给你推荐保险的那位，正好能成为给你推房产的那个人的客户。

所以，遇到这种情况，我们要做的就是**成人之美**。

当然了，你也可以把号码主动分享给他。

把打给我们的电话号码默默地都记下来。

等到下次你被骚扰，需要留微信或者电话号码的时候，就直接用上。

喂，霸先生吗？还记得我吗？

喂，您好！XX保险，请问有什么可以……

我是上次给您留电话的……

嗯？不需要，谢谢。

这样，既解决了你的麻烦，没准儿还能促成他俩的一段交易。

不过这个方法也有**局限性**，万一最近只有一个号码打给你，那就没有机会了。所以这个时候，我们要**主动出击**，屏蔽广告难，但想找广告还不简单吗，具体操作如下。

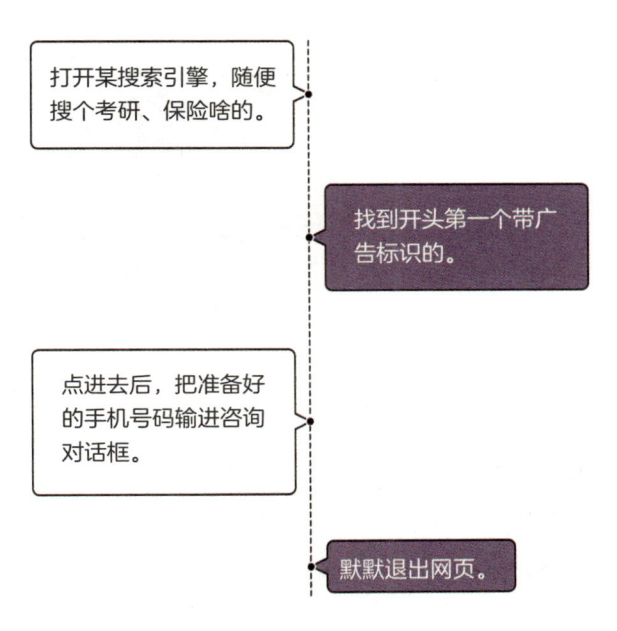

- 打开某搜索引擎，随便搜个考研、保险啥的。
- 找到开头第一个带广告标识的。
- 点进去后，把准备好的手机号码输进咨询对话框。
- 默默退出网页。

6 反将一军法

如果碰到的骚扰电话属于**诈骗类型**的，在保证自己账号安全的同时，还能反向破坏骗子的行动。

比如最常见的套路，就是他让你往指定的银行卡打钱。这个时候，我们可以先查一下骗子的卡号是哪个银行的。

然后登录银行的网上营业厅，输入卡号后随便填密码，只要当天**密码输错 3 次**，这张卡就会被冻结 **24 小时**，完事了，交给警察叔叔就行了。

当然了，要是你不解恨——

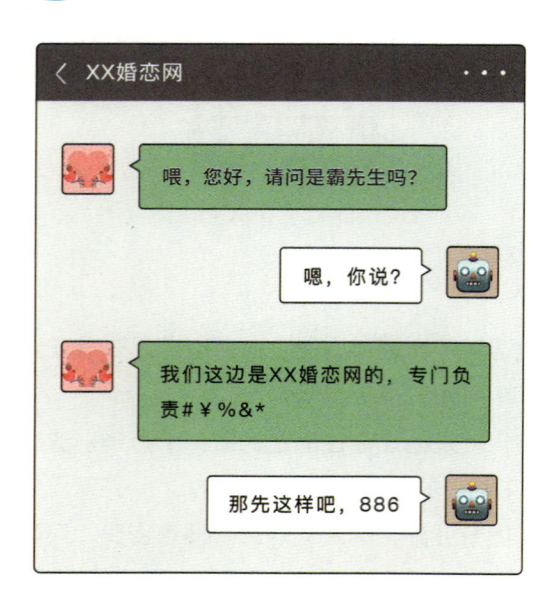

可以，逮着一个骗子。

天天把他银行卡给冻住。

❼ 巧用工具法

〈 XX婚恋网

喂，您好，请问是霸先生吗？

嗯，你说？

我们这边是XX婚恋网的，专门负责#￥%&*

那先这样吧，886

有些社恐的同学，还可以使用 **AI 人工代接**，大概就是把你所有的电话都转接到 AI 机器人那边，然后 AI 会把聊天内容录下来，到时候你直接看文字就行了。

所以我接不到朋友的电话是你干的?

总之,现在这个功能貌似市面上有挺多的,你们随便挑个大一点的牌子,效果应该都一样。

所以上次婚恋公司给我打电话……

是你把我手机号码发出去的?

所以从来没有女同学给我打电话,

也是你干的?

微信小程序里面就有,具体的牌子我就不写了,我也没接到人家广告。好的,我讲完了,没学会的,你们自己多读几遍吧。

呃……大毛,那真不是我……

"黄体破裂"到底有多可怕

> 黄体是什么?

> 难道是说女生的身体都黄黄的?

> 嗯?

进来的男生,我知道,你们看到标题会有点蒙。

> 啊,黄体啊,黄体就是……

> 你说,谁黄黄的?!

理直气壮

但没关系!大多数的女生不也一脸蒙就进来了吗。

~~毕竟她们可能也没咋听说过。~~

所以吧,这件事情,还得我来跟你们讲。

"黄体破裂"到底有多可怕?

1 黄体究竟是个啥?

* 了解的同学,可以自行跳过这一部分。

首先很多人对"黄体"这个东西可能都没啥概念。

这么说吧,"黄体"其实是长在女生卵巢里的一颗黄黄的"蛋蛋"。

> 差不多长这个样子。

主要用来分泌雌激素和孕激素,为可能会来的精卵细胞结合做准备,它的活动时期被称为"黄体期",一般会维持 10 ~ 14 天。

在这段时间里，黄体会不停地稳健发育。个头儿小的，一般能长到 2～5cm，大一点、比较危险的，可能会达到 8cm 左右。如果不出啥意外，黄体会在卵巢内安安分分当个打工人。

> 你说这次我们会白忙活吗？

> 打工人想这么多干吗，干活吧。

但要是等不到精卵细胞的结合，到了 **黄体后期**，差不多就是月经来之前的 3～4 天，黄体就会 **开始萎缩**，慢慢地被分解。

> 又白忙活喽。

> 溜了溜了。

> 所以很多女孩子看起来会比以往要"丑"一点。

这里多说一句，在黄体中后期，因为孕激素分泌得比较多——

> 你们知道就好。

乙 黄体为啥会破裂?

好了,现在我们已经知道,黄体究竟是个啥了吧,但有个问题是,为啥好好的黄体说破裂就破裂了。

> 这就和气球越大越容易爆炸是一个道理。

刚才我也说了,黄体是有大有小的,那些块头比较大的黄体,其实非常脆弱。

> 一般一会儿就愈合了,不用太担心。

一般来说,黄体破裂主要有两种原因。第一种是正常情况下,黄体内原本就有的少量血液,可能会因为女生的**凝血功能**并不是很好,导致**黄体内腔压力升高**,最终破裂。

这种情况,属于自发性破裂。

另一种,就比较危险了。如果女生在黄体期的时候,受到剧烈的外力冲击,比如剧烈地跳跃、奔跑,还有那啥,你们懂的,都会让腹腔内压力升高,导致黄体破裂。甚至有的女生因为**便秘**,也会发生黄体破裂。

3 黄体破裂之后，是啥感觉？

最明显的感觉，大概就是小腹会**莫名其妙地剧疼**，这边我强调一下——

> 有些心大的女孩子，
> 会以为这种痛是来月经前的痛经。

> 有女生没有意识到这一点。
> 甚至会疼晕过去，耽误治疗。

不过你们要注意，黄体破裂的血液，并不会流出体外，而是会一直**堆积在盆腔**。

所以，如果你发现自己疼得厉害，但没有来月经，请务必**及时去医院就诊**。

4 要如何预防和治疗？

至于具体要怎么预防，其实没有一个明确可靠的方法。毕竟黄体和月经一样，每个月都得来一次，而且大多数情况下，黄体破裂都在轻微可控的范围内，只会让你短暂地肚子疼而已。

所以很多女孩子，很难真的去意识到自己是黄体发生了破裂。能做的只有在黄体期的时候尽量减少剧烈运动，如果发现类似的症状，及时去医院。

> 黄体破裂一般会有两种治疗方式：
> 手术治疗：情况紧急会选择开腹探查，将黄体剥除，然后缝合止血。
> 保守治疗：如果情况稳定，会进行药物治疗，缓解疼痛，抗炎、抗感染。

如果女生反复发生黄体破裂，每个月月经来的前几天，都会莫名其妙地肚子疼。那可能是你本身凝血功能存在障碍，需要特别注意。

> 不会是黄体，破裂了吧？？

> 别急，我带你去医院。

蛋蛋的一万种死法

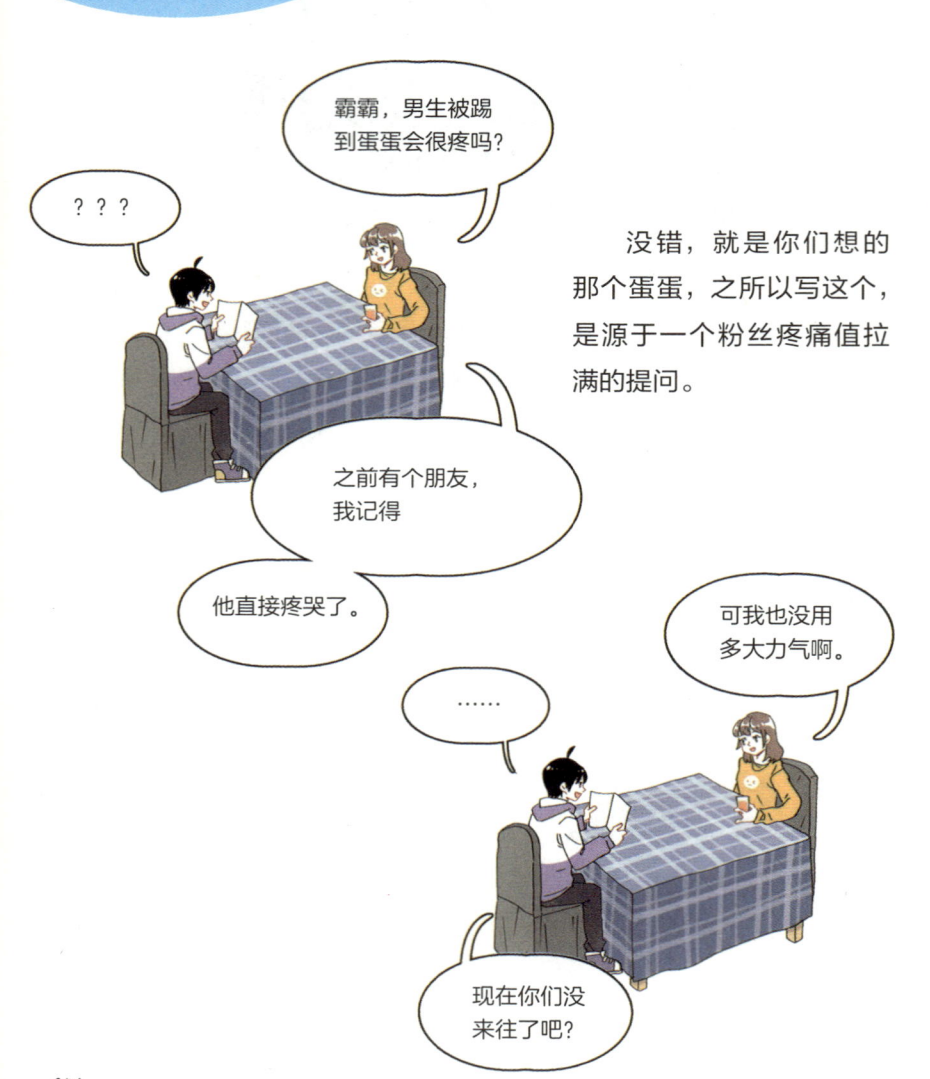

"霸霸，男生被踢到蛋蛋会很疼吗？"

"？？？"

没错，就是你们想的那个蛋蛋，之所以写这个，是源于一个粉丝疼痛值拉满的提问。

"之前有个朋友，我记得"

"他直接疼哭了。"

"可我也没用多大力气啊。"

"……"

"现在你们没来往了吧？"

我知道，女生不懂男生蛋蛋的忧伤，就像男生不了解女生的痛经一样。我这人没啥别的优点，就是热心肠，今天就为男生的蛋蛋说句公道话，给你们掰扯掰扯，这玩意儿到底**有多脆弱**。

1 它被打死了？

别看蛋蛋不起眼，其实蛋蛋的神经系统分布非常密集，是真的受不得半点委屈。我举个例子，弹珠大家玩过吧。

如果用弹弹珠的力气，给蛋蛋来这么一下，那你立马会看见男生面部扭曲得像麻花，身子缩成小龙虾。假如再大力一点，比如踢足球时的致命一击……受害者将**永生难忘**。

更严重一点的，比如有人下死脚踹上去，那蛋蛋很有可能会被打成内伤，也就是**内出血**。

有的兄弟可能觉得自己是个坚强的猛男，这点痛忍忍就过去了。

> 我觉得我还能再抢救一下……

这种情况下，蛋蛋虽然表面云淡风轻，可是内里已经一片**狼藉**。该去医院还是得去，该花的钱还是得花，救蛋蛋要紧。

2 它扭转了？

这种情况蛮离谱的，**愿天下蛋蛋永不扭转**。是这样的，蛋蛋不是位于男生身体外面吗，它与身体的连接部分有一对**精索**。

> 精索：睾丸上端至腹股沟管腹环间的柔软圆索组织。由输精管、精索内动脉、蔓状静脉丛、淋巴管组织、神经和包绕其周之精索被膜等组成。

正常情况下，精索是这样的：

只不过，有时候蛋蛋会由于某些原因，扭个方向，精索就变成了这样：

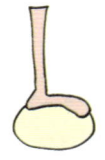

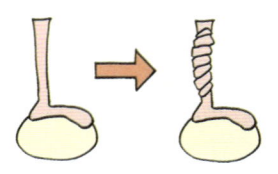

"我先转了，你随意。"

就不说蛋蛋了，你们想想，身体哪个部位扭成这样能好受。

这种情况还真不少见，除了**先天发育不良的**，**青春期的男生**也特别需要注意。知道你们好动，都喜欢篮球啊足球啊，夕阳下的奔跑啊，但太剧烈的运动特别容易诱发蛋蛋扭转。

> 蛋蛋坏死的概率会随着时间直线上升。

还有晚上睡觉姿势不对，以及过度刺激，也可能造成这种情况，做男人好难，另外蛋蛋扭转还有个特点。

如果过了十几个小时还没复原……唉，节哀吧，好好跟蛋蛋告个别。

3 它错位了？

> 睾丸外伤性脱位，可以分为**浅脱位和深脱位。**

就是字面意思，蛋蛋因为猛烈的撞击或挤压，迷了路，跑到别的地方去了，医学上叫作外伤性脱位。

> 浅脱位常位于腹股沟区、耻骨前区、阴茎根部、大腿内侧及会阴部等。

> 深脱位可至腹股沟管、股管甚至腹部。

相比前面讲的，这种就比较少见了，一般都发生在**摩托车手或者马术选手身上**。

但少见归少见，疼也是真的疼，因为蛋蛋也是内脏器官的一种，当它发生移动的时候，带来的痛苦**比破裂还恐怖**。

> 幸好平时不会遇到，感觉好疼。

> 平时不会，前提是，男生别作死啊。

咳咳，**玩归玩闹归闹，别拿蛋蛋开玩笑**，男生别去作死啊，小心蛋蛋谈笑间灰飞烟灭。

4 它发炎了？

前面说的，都还算是短暂的痛苦，而蛋蛋发炎，就比较折磨人了，少说也得痛几天。

> 睾丸炎：临床上主要分为**急性化脓性睾丸炎和腮腺炎性睾丸炎**两种，其中以急性化脓性睾丸炎最为多见。

> 引起睾丸炎的原因很多，譬如感染、外伤、肿瘤等，通常表现为睾丸肿胀、压痛，如果化脓，触诊有积脓的波动感。

而且不只蛋蛋疼，大腿根也会感觉疼，一走一动，就会有一种扯着蛋的感觉。如果你感受到了扯蛋的召唤，记住学霸这句话，该花的钱还是得花，该治的病还是得治。蛋蛋发炎要是治疗不及时，很可能诱发一些其他严重的疾病。

> 比如精索静脉曲张、肾炎等肾脏疾病、泌尿感染疾病、恶性肿瘤等。

还有可能导致男生**完全丧失性功能或者生育能力**。

> 总之，
> 要么治，要么死，要么生不如死，
> 你挑一个吧。

5 它被切除了？

男生的一生之敌，蛋疼，真的是一件很蛋疼的事，能找到蛋疼的原因，都还好说。

> 比如精索静脉曲张、精子肉芽肿、肿瘤、睾丸扭转、感染、鞘膜积液这些疾病。

> 或者是其他部位病变引起的牵涉痛，如输尿管结石、椎间盘病变等。

大部分还是能治好的，哪怕遇到最最最坏的情况，需要**切除蛋蛋**。起码切了就不疼了，好歹没那么痛苦……

对患者来说，这就特别绝望，由于这种找不到原因的蛋疼，即使采取终极杀招，切除了蛋蛋，有效率只有 **40% ~ 75%**。

也就是说，至少还有 **25%** 的患者，就算切了，蛋疼也没好。

> 怕就怕有的人蛋疼还找不到原因。

> 常规治疗手段也没有效果。

啊，还有就是，有不少蛋疼，是穿了太紧的裤子导致的。

> 切了也不一定好，那为啥还要切？

> 话不能这么说，万一切了就不疼了呢。

> 搏一搏单车变摩托。

如果你有罪，可以来我这里忏悔，但是不要穿紧绷的裤子，去折磨你的蛋蛋。

总之，千言万语汇成一句话，**保护蛋蛋，人人有责**。

住酒店如何预防梅毒

我们来说一说**梅毒**吧，相信我的粉丝都是单纯的小孩，肯定对这个比较困惑。

阿三，我最近很慌。

为啥？

我听说用酒店毛巾会得梅毒。

最近出去玩，住酒店次数频繁了那么一些，所以……

你都去哪里玩了？

啥时候去的？

为了你们的健康，**最主要是让渣哥不要胡思乱想，**今天我们来讲一讲这个问题。

这是重点吗？

在酒店里做什么才会得梅毒？

虽然**梅毒**这个词，经常出现在社会新闻里，但其实大家对它也不是很了解，所以先简单来说一说。

这干净吗？

1 什么是梅毒

这个东西吧，其实只要留意街边小广告就知道了。

建议大家不要和我一样，凑上去仔细看，反正我看完之后，大毛他们几个一直躲着我。

其实梅毒并不是那种传染上就会立刻死掉的病。

> 梅毒是由梅毒螺旋体引起的慢性、系统性性传播疾病，主要通过性途径传播。
> 因为透明，不容易染色，所以梅毒螺旋体又被称为苍白螺旋体。

简单来讲,梅毒就是**慢性性传染病**。

> 所以你们不用这么躲着我吧!

> 再说,我只是看一眼小广告而已!

> 那谁知道你得没得。

> 萌萌说得对。

> 就算我有,我也不会对你们做啥!放心。

> 你这样说,我们更害怕了。

> ……

不要听渣哥他们胡说,我真的只是看看小广告,梅毒螺旋体是很柔弱的,把它丢在空气中,很快就会死掉了。

不是特定途径传染,你根本就感染不上。

己 传染途径

性传播

大家都知道，梅毒是性传染病。预防的传染方式，除了**戒色**，没有别的办法。

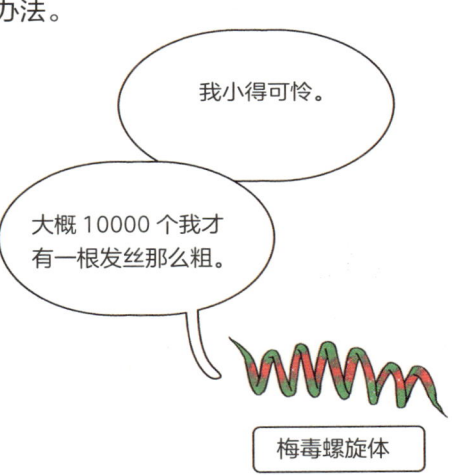

> 我小得可怜。

> 大概 10000 个我才有一根发丝那么粗。

梅毒螺旋体

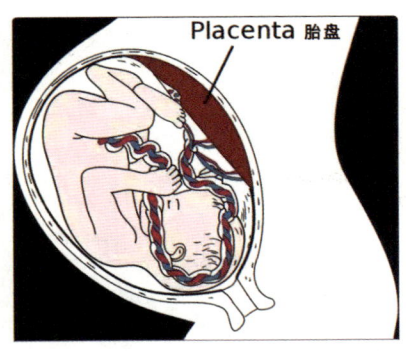

母婴传播

母婴传播，其实也很好理解。如果在怀孕的时候不小心得了梅毒，宝宝很可能也会得梅毒。你仔细想想，妈妈可以把自己的营养给宝宝，就有可能把梅毒也带给宝宝。

妈妈在怀孕的时候，会通过胎盘把营养输送给宝宝，保证宝宝可以长大。

所以在怀孕的时候，通过胎盘的传递，很有可能让肚子里的宝宝获得**先天性梅毒**。

血液传播

其实这种传播方式没有特别普遍，因为一般情况下，输血用的都是血库的血，像电视剧里那种直接抽家人的血是不可能发生的。

血库的血一般都是检测过的，所以因为输血得梅毒，现在基本不可能发生。但是在日常生活中，如果你身上有伤口，接触了梅毒患者的衣服，也有可能会得梅毒。

所以我如果用了酒店毛巾，还是有可能得梅毒的，对不对？

你先不要着急，听我慢慢讲。

在酒店大家最担心的就是用了**酒店的毛巾**，或者是**上厕所**会不会得梅毒。

我告诉大家，这种情况发生概率是**很低的**，梅毒螺旋体有"**公主病**"。

我不喜欢 40℃ 以上的地方，

不喜欢干燥或者潮湿的地方，

螺旋体

不喜欢肥皂水、消毒水啥的，

我太柔弱了，在这些地方，我会活不下去的！

总而言之，梅毒螺旋体离开人体之后，很快就会死掉，像酒店里的毛巾、床单啥的，都是会用漂白液、消毒水洗的，梅毒基本不可能留在上面。上厕所的话，其实也不太可能。虽然梅毒在潮湿环境中活的时间可能稍微长了一些，但其实也就几个小时。

> 所以你不用太担心，
> 又没做啥坏事，对吧！
> 对啊！我不是那种人。
> 但是阿三，
> 我还想问问，得了梅毒有啥症状没有？

只要你的屁股没有**伤口**或者**破损**，接触根本不可能感染。要想在酒店感染梅毒，除了前一位客人有梅毒以外，你自己身上还得划个伤口啥的。

而且你还得快点进去，稍微晚一点梅毒螺旋体就死了。不知道那些在酒店感染梅毒的人，是在为难自己，还是在为难梅毒螺旋体。

3 梅毒症状

梅毒螺旋体进入身体之后,会经过**三个阶段**,每一阶段也会出现不同症状。

第一阶段是一期梅毒,持续时间 2～3 个月。

之后进入二期梅毒,可能持续几年时间,症状也可能会反复发作。

最后一个阶段就是三期梅毒,也被称为晚期梅毒,几乎可以说没救了,梅毒得跟你一辈子。

一期梅毒感染部位会出现一个无痛硬硬的圆形结节,然后形成溃疡,会自动愈合。

二期梅毒全身会出现梅毒疹,包括斑疹、丘疹、脓疱性梅毒疹等,淋巴结也会肿大。

三期梅毒皮肤黏膜损坏,内脏器官发生病变,严重者可能出现中枢神经系统损坏。

一二期梅毒被称为早期梅毒,虽然这个时候,梅毒的传染性很强,但治疗也比较**容易**。

但进入晚期之后,就很难治疗了,所以发现梅毒之后,一定要**早早治疗**。

而且一定要去**正规医院**，像这种街边小广告，**千万别信**。

没有了！

现在你可以回答我的问题了吧！

你最近为啥经常去酒店？

当然是去睡觉啦！你们打呼声太大了，

我去补补觉，不然还能干吗？

呃……

女生奔跑时，要怎么固定抖动的胸

你们听我解释，这个问题虽然听起来有那么一点点难度，但是你想想，这毕竟是女粉问我的生活小烦恼，我也不能当没看见。

> 粉丝
>
> 霸霸！跑步的时候胸一直在抖，很烦。
>
> 这样下去会不会对胸不好？
>
> 怎么才能不抖啊？
>
> 这就是女孩子的烦恼吗？
>
> 你怎么不理我啊，霸霸！你睡着了吗？

我承认，我在敷衍。

而且考虑到有很多女生，尤其是平胸的那种。

~~随便cue一下没有其他意思~~……

虽然运动的时候感觉胸部有点不舒服，但想着忍忍也就算了。

不要这样啊，学姐！对胸害处很大的！

不固定有啥危害？

女生奔跑时胸抖起来有多烦？

要怎么固定？

所以我们今天需要给大家好好讲一下这个事情。

① 奔跑时，胸抖起来有多烦？

首先很多人，包括女生自己，对胸的重量可能都没有什么数。

这么说吧，即使是平 A 的妹子，单侧胸也差不多有 **70g 左右**。

> 我想不通，真的会抖到让人很烦吗？

> 干吗瞪我？我一个正常男生，又不好意思盯着女生看。

> 差不多一个鸭蛋的重量。

> 你一个正常男生，为什么要看这篇文章？

而传说中的 D 罩杯，单侧胸的重量，可以在

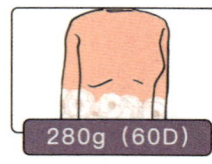

280g（60D） ～ 1000g（95D）

之间。

> 换算成你们平时喝的 550ml 的矿泉水，

> 差不多一边要挂 0.5～2 瓶矿泉水。

反正你就想想，这么重的胸，挂着走来走去，本来就已经很愁人了，剧烈运动时这个沉甸甸的胸也会跟着**剧烈运动起来**。鉴于有人可能没法想象这种感觉，有人想了个主意，拿和胸同等重量的小动物给男性戴着，让他们动起来。

总的来讲，女生在剧烈运动的时候胸还会大幅度抖动，一定不会很舒服。

还会大幅度抖动

没有胸的同学（我说男生），你想象一下那种抓狂的感觉，有部分女生，甚至会因为这事，讨厌体育课。这都是真实存在的情况。

> 英国一项针对 249 名 18～65 岁女性的研究中，17% 的受访女性表示胸部成了她们不愿意运动的原因。

2 需要固定胸部吗?

你上次不还说,胸没那么脆弱,都可以不穿内衣的吗?

跑起来,情况不一样啊。

现在我们已经知道,剧烈运动的时候,胸的确蛮烦人的,对吧?

但是我们是不是应该忍一忍,让它自由运动好了?

我劝你们还是不要忍,因为胸这样放飞久了,**是会出问题的**。

给大家看一下胸的结构。

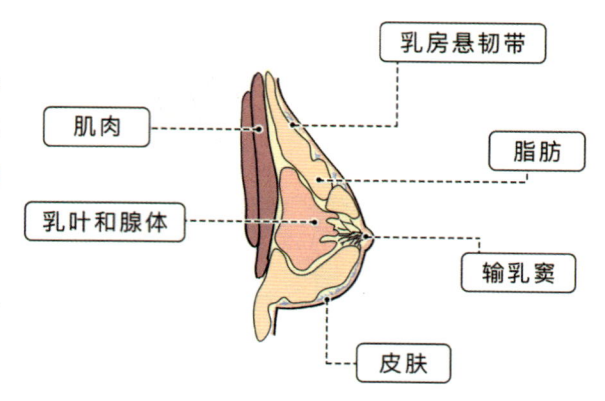

- 乳房悬韧带
- 肌肉
- 脂肪
- 乳叶和腺体
- 输乳窦
- 皮肤

上面那个**乳房悬韧带**，你们注意了，是专门用来牵扯固定胸部的。

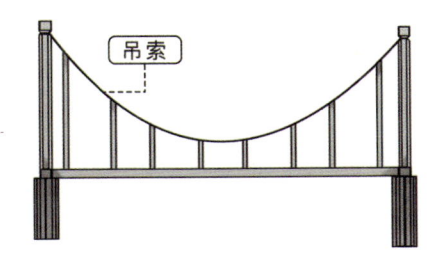

悬韧带类似于吊桥上的吊索，是牵拉皮肤和脂肪以及乳腺的纤维结缔组织，支持和固定乳房，维持胸部形状的重要结构。

我们之前说过，女生平时不穿内衣，并不会造成胸部下垂。因为胸下垂，一般只是因为你老了。人年纪大后，悬韧带的数量和弹力下降，牵不动你胸部的组织，胸自然就下垂了。平时那点运动量，并不会给悬韧带造成什么影响，所以日常可以不穿内衣。

但剧烈运动的时候，胸部不是会动来动去吗，韧带就会跟着**被扯来扯去**。朴次茅斯大学实验室的研究发现，女孩子跑步的时候，胸会进行"∞"字形的晃动，大致是这个情况。

一般人跑 1.6km，也就是绕着你们学校操场跑 4 圈，胸部的摇动轨迹可以有 135m。说到这里，平胸的女孩子也不要太开心。

我一个平胸，它还能动到哪里去？

比你想象中的幅度要大点……

虽然 36C 罩杯的女孩子奔跑的时候胸会以 11.9cm 的幅度上下跳动，但即使是 34A 的女孩子，你的胸也不是就不会动了，它还是会以 4.2cm 的幅度上下跳动的。总之不管胸大胸小，剧烈运动的时候，胸部都会**重复地**、**大幅度地跳动**。而胸的抖动，会连带着韧带被扯来扯去，最终**造成损伤**。

韧带一受损，胸部就会下垂和变形，而且下垂变形一般也挽救不了了，除非做手术。所以如果觉得不舒服，还是应该及时把胸固定一下。

3 具体怎么固定抖动的胸？

> 毕竟强行用手抱住，

> 还是怪尴尬的……

至于要怎么固定胸，最靠谱的方法，是买件合适的内衣。

我们之前说过，跑步的时候，胸会呈"∞"字形晃动。

也就是说，它是在上下、前后、左右，不同维度抖动，你们平时穿的内衣，只能防止你的胸上下运动。

所以你们需要专门的一种内衣，可以防止胸部在各个维度上移动太多，这种内衣叫作运动内衣。

但无论在哪个维度，脚部振幅只要达到 2cm 就足以引起不适。

具体怎么选，你们自己去研究，我就不教太多了，说个大概的方向，一般来讲，不同类型的运动，对应不同强度的运动内衣。

步行、跳舞
低强度内衣

骑自行车、健身
中强度内衣

长跑、打篮球
高强度内衣

不同大小的胸部，也对应不同强度的内衣。

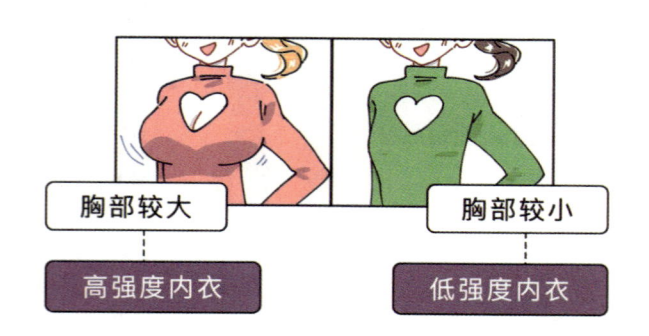

胸部较大　　　　　　胸部较小
高强度内衣　　　　　低强度内衣

　　反正就是，根据个人情况，确定好要哪种强度的内衣，自己去试穿一下。试的时候注意多跑多跳，如果感到自己的胸还是**晃动得厉害**，就说明不合适。

好的，我说完了，为了奖励，虽然一脸蒙，但还是坚持看到这里的男生，我告诉你们一个思路。

你们的胸也是会抖动的。

长跑的时候，老和衣服摩擦，就会很难受。

但目前很难买到男款的运动内衣。

遇到危险，这些紧急避险方法一定要知道

我们在生活中可能会受到他人的伤害，实施伤害的有男性、女性，有周围熟识的亲人、邻居，也有突如其来的陌生人。

无论全社会如何表达厌恶、愤慨，也依旧会有人**为了一己私欲，做出伤害别人的事**。

所以这篇文章，希望你们能认真看完，如果不幸遇到危险，能够有效地保护自己。

防患篇

1

举个例子：

平时和亲友可以约定某种暗语，但要遵循两个原则。

一、暗语要源于日常生活，不容易被发现。

二、暗语要异于生活，让别人明白自己处境危险。

> 萌萌！你们家那只叫七七的狗生了吗？生了几个？

> 欸，七七怎么变狗了？难不成……学霸被挟持了？？快报警！

2

在乘坐公共交通，特别是火车卧铺混住的情况下，要穿长衣长裤，不仅保暖，还能防止被偷拍。

3

坐大巴时，尽量选择有安全锤的窗边，遇到危险用安全锤用力敲击钢化玻璃的四角和边缘。

4

独身一人的情况下，不要轻易相信任何人，无论是男性还是女性。

5

网约车软件设置紧急联系人，遇到危险时可以同时报警，并通知紧急联系人。

6

微信默认非好友可以查看十条朋友圈，记得去后台关闭。操作如下：

打开微信［我］→［设置］→［隐私］→［允许陌生人查看十条朋友圈］关闭。

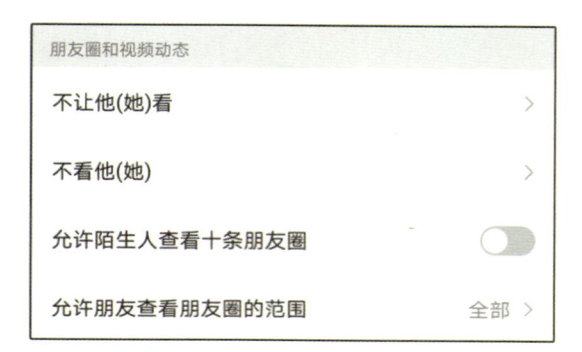

朋友圈和视频动态	
不让他(她)看	>
不看他(她)	>
允许陌生人查看十条朋友圈	○
允许朋友查看朋友圈的范围	全部 >

7

平时拍的照片有可能会记录你的位置。

安卓手机打开[相机设置]→关闭[地理位置]

苹果手机打开[设置]→[隐私]→[定位服务]→[相机]→点击[永不]

‹ 定位服务	相机
允许访问位置信息	
永不	✓
下次询问	
使用 App 期间	

8

不要在任何社交网络上发表自己的定位，特别是家的位置。

临场篇

1

如果周围人流稀少，遇到危险记得不要喊救命，要喊着火了。

2

如果周围有很多人，求救时一定要明确地向某个人说出指示，避免责任分散。

> 那个穿紫色衣服的男生，快救我。

3
如果被挟持，尝试利用"**隐语报警**"，例如"995"，就是"救救我"的意思。

4
在手机被没收或者没有其他通信方式的情况下，记住**三短三长三短**，这是国际通用SOS求救信号，可以利用灯光或声音这样呼救。

5
深夜独行遇到尾随的，不要直接回家，往人多、光亮的地方或者反方向逃跑。

6
如果坏人跟你进了大楼，上电梯时可以多按几个楼层的数字，避免跟踪你的人知道你的具体楼层。

7

安卓手机在息屏状态下，连续按 5 下电源键可以紧急呼救。

前提是进入 [设置] → [安全] → [SOS 紧急救助] → 打开 [自动发送求助信息] 并添加紧急联系人。

8

在力量悬殊的情况下，要选择保护住关键部位，全身趴在地上是最好的防守。有几组数据，你们可以看一下。

根据 2018 年《校园暴力司法大数据专题报告》，在校园暴力案件中，16 至 18 周岁未成年人在强奸罪和强迫卖淫罪案件中占比最大。

根据 2020 年《中国性侵司法案件大数据报告》，有 56.16% 为网友作案，17.91% 为现任伴侣作案。

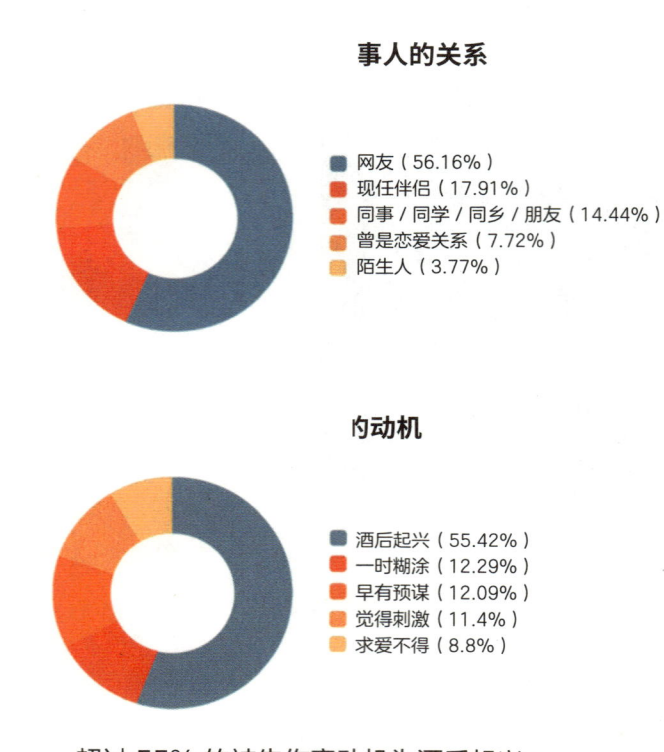

事人的关系

- 网友（56.16%）
- 现任伴侣（17.91%）
- 同事／同学／同乡／朋友（14.44%）
- 曾是恋爱关系（7.72%）
- 陌生人（3.77%）

的动机

- 酒后起兴（55.42%）
- 一时糊涂（12.29%）
- 早有预谋（12.09%）
- 觉得刺激（11.4%）
- 求爱不得（8.8%）

超过 55% 的被告作案动机为酒后起兴。

所以，在无法控制所有坏人的情况下，我们只有尽可能地去保护自己，增强自己的防护意识。

最后，鉴于一些特殊的情况，多说一句。

对女孩子来说

你们可以画漂亮的妆，穿自己喜欢的衣服，

这些是你们的权利，而不是坏人用来施暴的借口。

对男孩子来说

如果被侵害了，请大胆地告诉父母，告诉警察，

该羞愧的不是你们，
而是那群施加暴力的人。

好了，我希望你们都能拥有——

一个快乐健康的人生。